Autor: Margarita Gutiérrez.

Podrás encontrar más información referente a
Margarita Gutiérrez en:

Facebook: Margarita Gutiérrez

Instagram: Margarita_gutii

Correo: *gutierrezmargarita847@gmail.com*

CONOCE ALGUNOS DE MIS OTROS MANUALES

MARGARITA GUTIÉRREZ

MANUAL DE FORMULAS VOLUMEN II

COSMÉTICA Y FORMULAS CORPORALES

¡Descubre todos los manuales de formulas!

MARGARITA GUTIÉRREZ.

PON UNA GALLINA EN TU VIDA

Manual para construir y mantener un gallinero ecológico

Toda la información para crear tu gallinero

ENFERMEDADES PORCINAS MÁS COMUNES

INDICE

ADVERTENCIA IMPORTANTE

LA INFORMACIÓN QUE SE OFRECE EN ESTA OBRA ES EXCLUSIVAMENTE A TITULO ORIENTATIVO. EN NINGÚN CASO PRETENDE VALORAR NINGÚN FÁRMACO NI MUCHO MENOS DAR UN DIAGNÓSTICO.

SE RECOMIENDA CONSULTAR A LOS PROFESIONALES EN MEDICINA VETERINARIA PARA UN DIAGNÓSTICO Y TRATAMIENTO DE ENFERMEDADES, TRASTORNOS Y LESIONES DE LOS ANIMALES.

LOS CERDOS SON SENSIBLES A MUCHAS ENFERMEDADES. ENTRE LAS MÁS COMUNES SE ENCUENTRAN LAS QUE AFECTAN EL TRACTO DIGESTIVO, LA PIEL, SISTEMA RESPIRATORIO Y EL SISTEMA NERVIOSO. SE DEBE DESCARTAR PROBLEMAS ANATÓMICOS O PATOLÓGICOS ANTES DE PENSAR EN PROBLEMAS DEL SISTEMA NERVIOSO.

EN LAS GRANJAS PORCINAS LA MAYORÍA DE LAS ENFERMEDADES SE ADQUIEREN CUANDO SE COMPRAN NUEVOS INDIVIDUOS, CUANDO NO HAY UNA ADECUADA BIOSEGURIDAD, TAMBIÉN SE PUEDEN PRODUCIR POR EL MOVIMIENTO DE ANIMALES DE UN LUGAR A OTRO, INCLUSO, PUEDE SER POR EL INGRESO DE TRANSPORTES O DE PERSONAS A LA GRANJA.

PARA EVITAR LA PRESENCIA DE ENFERMEDADES EN ESTOS ANIMALES SE REQUIERE CONTAR CON ALTOS ESTÁNDARES DE BIOSEGURIDAD EN LOS SISTEMAS DE PRODUCCIÓN. LA PREVENCIÓN ES FUNDAMENTAL PARA TENER EL CONTROL DE LAS ENFERMEDADES.

Los síntomas de la gripe porcina

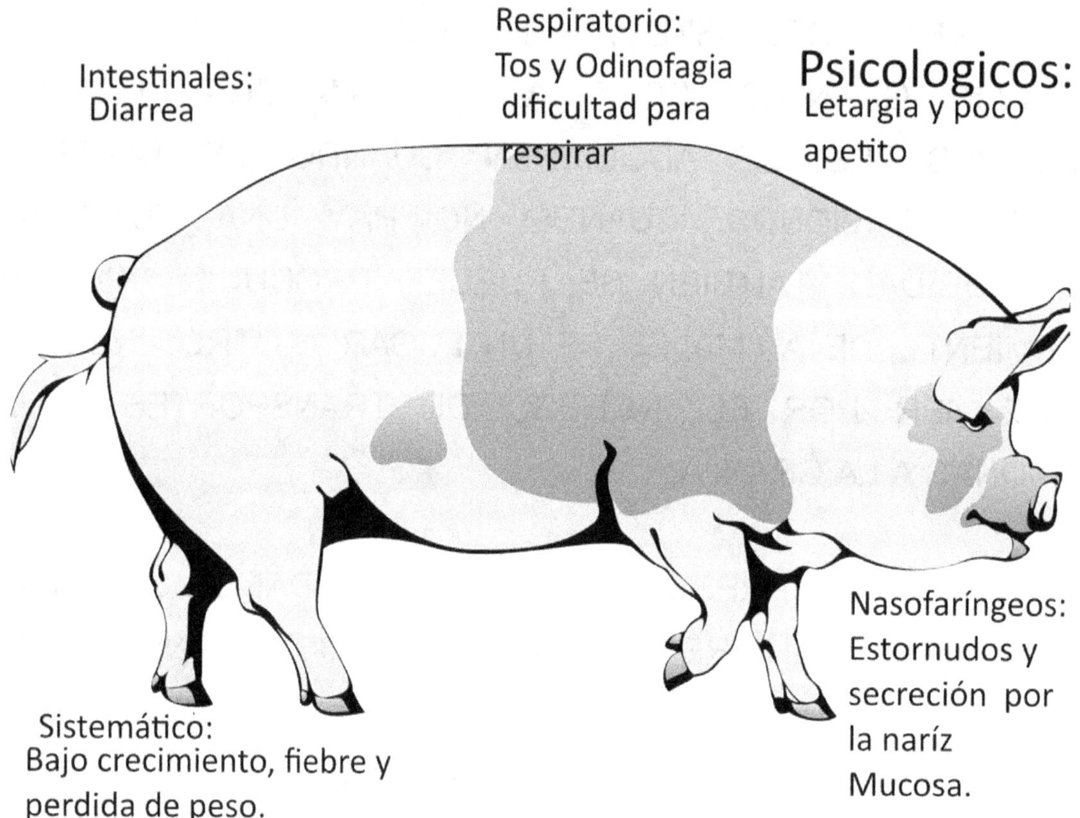

La enfermedad se transmite a travez de secreciones como estornudo ,tos, contacto

ENFERMEDAD DE GLASSER:

ES UNA PATOLOGÍA PRODUCIDA POR LA BACTERIA H. PARASUIS. ESTA INFECCIÓN DE ORIGEN BACTERIANO SE ORIGINA AL APARECER POLISEROSITIS FIBRINOSA Y POLIARTRITIS EN CERDOS YA AFECTADOS TAMBIÉN PRODUCIDA POR UN PARASITO LLAMADO HAEMOPHIUS PARASUIS MUY NEGATIVO, ESPECIALMENTE APARECE EN LECHONES Y CERDOS DE CEBO.

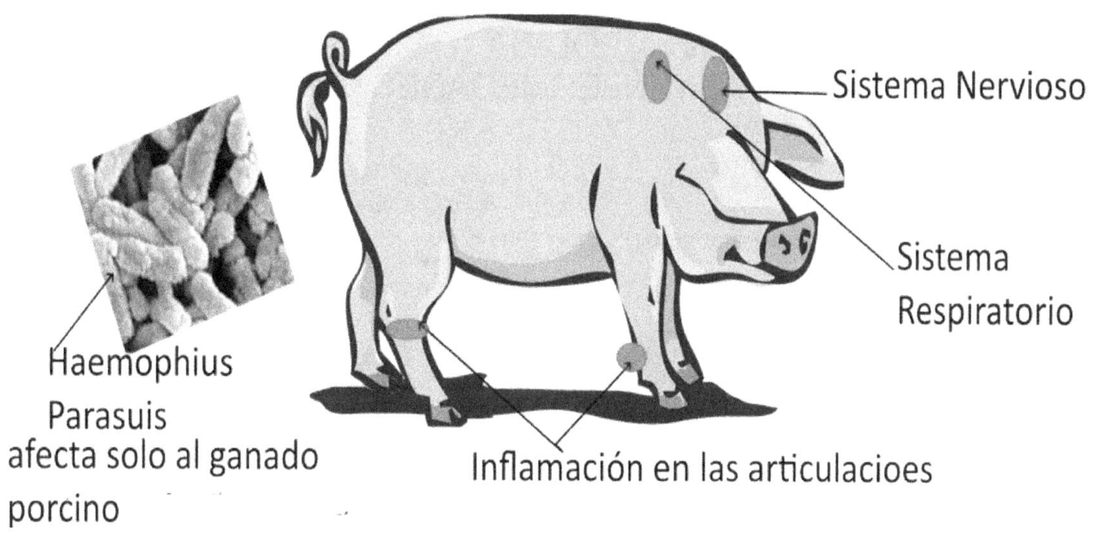

ES IMPORTANTE CLASIFICAR LAS BACTERIAS PARA PODER CONTROLAR LAS ENFERMEDADES.

EL HAEMOPHIUS:

BACTERIA QUE TIENE MUCHOS SEROTIPOS DISTINTOS SE ENCUENTRA POR TODO EL MUNDO INCLUSO LA PODEMOS ENCONTRAR EN GRANJAS MODERNAS Y DE BUENA SANIDAD. EN LA MAYORÍA DE ESTAS GRANJAS DONDE YA ESTA BACTERIA ES ENDÉMICA, LAS CERDAS, PRODUCEN UNA FUERTE INMUNIDAD MATERNAL QUE NORMALMENTE PERSISTE ENTRE 3- 5 SEMANAS. LOS CASOS CLÍNICOS PREVALECEN MAS EN CERDOS DE 4-8 SEMANAS DE VIDA PUEDEN ESTAR PRESENTES EN GRANJAS GRANDES EN DONDE TODAS LAS CERDAS SON PRIMERIZAS. TAMBIÉN PODRÍA SER UN PATÓGENO SECUNDARIO A OTRAS ENFERMEDADES EN PARTICULAR LA NEUMONÍA ENZOOTIA.

Haemophius parasuis

ESTA ENFERMEDAD ATACA LAS ARTICULACIONES EL INTESTINO, LOS PULMONES, EL CORAZÓN, EL CEREBRO CAUSANDO LA YA MENCIONADA NEUMONÍA, INFECCIÓN DEL PERICARDIO, PERITONITIS Y PLEURITIS.

La enfermedad de Glasser tiene un gran impacto económico

Afecta principalmente a los lechones.

ESTA BACTERIA ACCEDE AL ANIMAL GENERALMENTE POR CONTACTO DIRECTO, SIN EMBARGO, EN DETERMINADOS CASOS LA TRANSMISIÓN ES POR VÍA AERÓGENA, ADEMÁS PUEDE AFECTAR A CERDOS DE CUALQUIER EDAD SUELE DARSE EN ANIMALES DE ENTRE 5 Y 12 SEMANAS DE VIDA.

LAS MUESTRAS MÁS APROPIADAS PARA UN POSIBLE AISLAMIENTO SON FRAGMENTOS DE LAS MEMBRANAS SEROSAS INFLAMADAS, EXUDADOS PERICARDIO, TORÁCICO Y ABDOMINAL, SANGRE DEL CORAZÓN Y LÍQUIDO CEFALORRAQUÍDEO DE ANIMALES AFECTADOS POR LA FORMA AGUDA DE LA ENFERMEDAD Y QUE NO HAYAN RECIBIDO NINGÚN TIPO DE MEDICACIÓN ANTIBACTERIANA DURANTE, AL MENOS, LOS 7 DÍAS PREVIOS A LA TOMA DE MUESTRAS.

LA VACUNA CONTRA LA ENFERMEDAD DE GLÄSSER:

EL GRUPO DE INVESTIGACIÓN BACRESPI DEPARTAMENTO DE SANIDAD ANIMAL DE LA UNIVERSIDAD DE LEÓN (ULE) HA PARTICIPADO EN LA OBTENCIÓN DE UNA VACUNA EFICAZ CONTRA LA ENFERMEDAD.

ESTAS INVESTIGACIONES DIRIGIDAS POR LOS PROFESORES ELÍAS FERNANDO RODRÍGUEZ FERRI Y CÉSAR BERNARDO GUTIÉRREZ MARTÍN, EN COLABORACIÓN CON LA UNIVERSIDAD DE UNIVERSIDAD DE CALGARY (CANADÁ) Y LA DE PASSO FUNDO (BRASIL), UN ARTÍCULO EN 'SCIENTIFIC REPORTS' SOBRE UNA VACUNA PARA HACER FRENTE A LA ENFERMEDAD DE GLÄSSER EN EL GANADO PORCINO.

LA VACUNA SE BASA EN UN MUTANTE QUE TIENE ALTERADA LA PROTEÍNA DE UNIÓN A TRANSFERRINA TBPB DE 'HAEMOPHILUS PARASUIS, UNO DE LOS PRINCIPALES FACTORES DE VIRULENCIA DE ESTOS MICROORGANISMOS, QUE REPRESENTAN EL AGENTE ETIOLÓGICO DE LA ENFERMEDAD DE GLÄSSER EN EL GANADO PORCINO.

SÍNTOMAS:

A) EN CERDAS PRIMERIZAS

1. COJERAS RIGIDEZ
2. LIGERA INFLAMACIÓN ALREDEDOR DE LAS ARTICULACIONES Y TENDONES
3. RARAMENTE DA LUGAR A MENINGITIS

B) LECHONES Y LACTANTES

ENFERMEDAD AGUDA:

1. SE DEPRIMEN RÁPIDAMENTE
2. TEMPERATURA DEMASIADO ELEVADA
3. NO QUIEREN LEVANTARSE
4. CON FRECUENCIA SE PRODUCE MUERTE SÚBITA DE LECHONES LACTANTES CON BUENA CONDICIÓN
5. TAMBIÉN CAUSA ARTRITIS Y COJERAS CON FIEBRE E INAPETENCIA EN CERDOS INDIVIDUALES.

POLISEROSITIS FIBRINOSA

UBICACIÓN: APARATO RESPIRATORIO, APARATO DIGESTIVO, PULMÓN, ESTÓMAGO, INTESTINOS, HÍGADO.

POSIBLES CAUSAS:

ENFERMEDAD DE GLÄSSER

INFECCIONES POR ESTREPTOCOCOS

ESTA LESIÓN SE CORRESPONDE CON UNA POLISEROSITIS FIBRINOSA EN UN CERDO CON LA ENFERMEDAD DE GLÄSSER, CAUSADA POR *HAEMOPHILUS PARASUIS*, TAMBIÉN CONOCIDA COMO POLISEROSITIS Y ARTRITIS PORCINA.

NORMALMENTE PROVOCA POLISEROSITIS, ENINGOENCEFALITIS Y POLIARTRITIS.

EL DIAGNÓSTICO DIFERENCIAL INCLUYE:
STREPTOCOCCUS SUIS TYPE 2
MYCOPLASMA HYORHINIS,
ARCANOBACTERIUM PYOGENES Y *E.COLI.*

ENFERMEDAD CRÓNICA:

1. LOS CERDOS SE VUELVEN PÁLIDOS Y DE UN LENTO CRECIMIENTO

2. PUEDEN DARSE MUERTES SÚBITAS.

TRANSICION Y CEBO

LOS CERDOS CON GLASSER SE VEN COMO DEPRIMIDOS O SENCILLAMENTE SE ENCONTRARÁN MUERTOS.

- A. PRESENTAN TEMPERATURA ELEVADA
- B. DEJAN DE COMER
- C. NO QUIEREN LEVANTARSE
- D. SIGNOS NERVIOSOS INCLUYENDO MENINGITIS
- E. A MENUDO SE OBSERVAN LECHONES EN MAL ESTADO, DESMEDRADO Y PELUDOS

EN CERDOS JÓVENES EN CRECIMIENTO OCURRE CON FRECUENCIA:

- A. FIEBRE
- B. MENINGITIS
- C. ARTRITIS
- D. COJERA
- E. NEUMONÍA
- F. INFECCIÓN DEL PERICARDIO
- G. PERITONITIS Y PLEURESÍA

CAUSAS Y FACTORES QUE CONTRIBUYEN

- A. AQUELLAS GRANJAS GRANDES CON BUENA HIGIENE
- B. LA ENFERMEDAD PUEDE SER DESENCADENADA POR PRRS, GRIPE O NEUMONÍA ENZOOTIA

C. FACTORES QUE PREDISPONEN: AMBIENTE INADECUADO, CORRIENTES DE AIRE.
D. ESTRÉS

DIAGNOSTICO:

SE BASA EN LAS OBSERVACIONES CLÍNICAS, EXÁMENES POST-MORTEM Y AISLAMIENTO DEL ORGANISMO EN EL LABORATORIO.

LA ENFERMEDAD DE GLASSERS DEBE DIFERENCIARSE DE INFECCIONES POR ACTINOBACILLUS SUIS PLEUROPNEUMONIAE, ENFERMEDAD DE CORAZÓN DE MORA, MENINGITIS POR STREPTOCOCOS Y ARTRITIS Y SEPTICEMIAS BACTERIANAS.

PARA UN CONTROL Y PREVENCIÓN SE DEBE HACER:

ESTA ENFERMEDAD ES SENSIBLE A UN AMPLIO ABANICO DE ANTIBIÓTICOS EL TRATAMIENTO DEBE DE SER SUMINISTRADO PRONTO SOBRE TODO SI SE PRODUCEN CASOS DE MENINGITIS.

USO ESTRATÉGICO DE ANTIBIÓTICOS EN PERIODOS CRÍTICOS DE MAYOR SUSCEPTIBILIDAD

GRUPO 1

ESTÁ COMPUESTO POR LAS ENFERMEDADES Y PLAGAS EXÓTICAS QUE NO SE ENCUENTRAN EN EL TERRITORIO NACIONAL, Y QUE POR SU RÁPIDA DISEMINACIÓN E IMPACTO ECONÓMICO PARA LA POBLACIÓN ANIMAL Y RIESGO PARA LA SALUD PÚBLICA SON CONSIDERADAS DE NOTIFICACIÓN INMEDIATA OBLIGATORIA A LAS AUTORIDADES COMPETENTES DE SANIDAD ANIMAL DEL PAÍS, SIENDO LAS SIGUIENTES:

ENCEFALITIS JAPONESA (FLAVIVIRUS)

EL VIRUS DE LA ENCEFALITIS JAPONESA (JEV) FORMA PARTE DEL GÉNERO FLAVIVIRUS, EN LA FAMILIA FLAVIVIRIDAE, Y CAUSA ENCEFALITIS, PRINCIPALMENTE EN LOS CABALLOS Y EN EL SER HUMANO.

EL JEV TAMBIÉN INFECTA A LOS CERDOS, EN LOS QUE CAUSA ABORTOS Y NACIDOS MUERTOS CUANDO LAS CERDAS GESTANTES RESULTAN INFECTADAS POR EL JEV POR PRIMERA VEZ.

LAS CERDAS GESTANTES INFECTADAS NO SUELEN PRESENTAR SIGNOS CLÍNICOS Y LA INFECCIÓN NO AFECTA A LAS FUTURAS GESTACIONES.

EL JEV SE MANTIENE EN LA NATURALEZA ENTRE LOS MOSQUITOS Y LOS CERDOS.

EL PRINCIPAL VECTOR DEL JEV ES UN MOSQUITO CULÍCIDO, CULEX TRITAENIORHYNCHUS.

LOS CERDOS ACTÚAN COMO IMPORTANTES AMPLIFICADORES DEL VIRUS, AUNQUE EN LA AMPLIFICACIÓN Y DISEMINACIÓN AL MEDIO TAMBIÉN PUEDEN INTERVENIR AVES.

SE HA DETECTADO LA ENFERMEDAD EN AMPLIAS ZONAS DE ASIA Y EN LA ZONA DEL PACÍFICO OCCIDENTAL.

EN LOS CERDOS, SE HAN UTILIZADO TANTO VACUNAS INACTIVADAS COMO VIVAS ATENUADAS PARA PROTEGER A LAS CERDAS GESTANTES DE PARIR NACIDOS MUERTOS.

ENFERMEDAD DE TESCHEN (ENTEROVIRUS).

LA ENCEFALOMIELITIS POR ENTEROVIRUS (ANTERIORMENTE ENFERMEDADES DE TESCHEN/TALFAN) ES UNA ENFERMEDAD AGUDA DE LOS CERDOS QUE SE CARACTERIZA POR DESÓRDENES DEL SISTEMA NERVIOSO CENTRAL (SNC).

TESCHEN ES EL NOMBRE DE LA CIUDAD EN LA REPÚBLICA CHECA DONDE LA ENFERMEDAD SE RECONOCIÓ ORIGINALMENTE EN 1929.

ES PROVOCADA POR CEPAS DEL SEROTIPO 1 DEL ENTEROVIRUS PORCINO (PEV–1), DEL GÉNERO TESCHOVIRUS DE LA FAMILIA PICORNAVIRIDAE.

LA INFECCIÓN SOLAMENTE TIENE LUGAR EN EL GANADO PORCINO; OTRAS ESPECIES ANIMALES NO SON SUSCEPTIBLES. EL VIRUS PENETRA EN EL ANIMAL POR LAS CAVIDADES ORAL O NASAL.

EL PERIODO DE INCUBACIÓN ES DE APROXIMADAMENTE 14 DÍAS. LOS SÍNTOMAS PRINCIPALES DE LA FASE PRODRÓMICA SON FIEBRE HASTA 41.5°C, LASITUD, ANOREXIA Y TRASTORNOS LOCOMOTORES.

ESTA FASE CONTINÚA CON HIPERSENSIBILIDAD, TEMBLORES, ESPASMOS CLÓNICOS DE LAS PATAS, OPISTÓTONO Y NISTAGMUS.

EN EL ESTADIO CLÍNICO FINAL, SE OBSERVA PARÁLISIS DESDE LA REGIÓN TRASERA DEL CUERPO A TRAVÉS DE LOS LOMOS HASTA LA REGIÓN DELANTERA.

LA PARÁLISIS DEL CENTRO TERMORREGULADOR DA LUGAR A HIPOTERMIA. CUANDO LOS MÚSCULOS RESPIRATORIOS SE PARALIZAN, EL ANIMAL MUERE POR ASFIXIA.

EL DIAGNÓSTICO LABORATORIAL DE LA ENFERMEDAD SE BASA EN LOS SÍNTOMAS CLÍNICOS TÍPICOS MÁS LAS LESIONES DEL CEREBRO Y LA MÉDULA ESPINAL, LA IDENTIFICACIÓN DEL VIRUS EN EL SNC DE LOS CERDOS AFECTADOS Y EN LA DETECCIÓN DE ANTICUERPOS ESPECÍFICOS EN LA SANGRE DE LOS ANIMALES CONVALECIENTES.

EL VIRUS PRESENTA AFINIDAD POR EL SISTEMA NERVIOSO CENTRAL, Y, POR TANTO, LAS SUSPENSIONES DE CEREBRO Y MÉDULA ESPINAL REALIZADAS A PARTIR DE LOS CERDOS AFECTADOS SE UTILIZAN COMO INÓCULO PARA EL AISLAMIENTO DEL VIRUS.

EL VIRUS SE PROPAGA CON ÉXITO EN MONOCAPAS DERIVADAS DE TEJIDO PORCINO, EN PARTICULAR DEL RIÑÓN. PARA LA INMUNIZACIÓN ACTIVA, SE RECOMIENDAN LAS VACUNAS INACTIVADAS PRODUCIDAS A PARTIR DE VIRUS PROPAGADOS EN CULTIVOS CELULARES.

EL VIRUS SE INACTIVA GENERALMENTE CON FORMALDEHIDO U OTROS INACTIVADORES ADECUADOS, Y SE MEZCLA CON ADYUVANTES. COMO LA ENFERMEDAD CLÍNICA GRAVE HA DESAPARECIDO, LA VACUNACIÓN SE HA ABANDONADO.

ENFERMEDAD VESICULAR DEL CERDO (ENTEROVIRUS)

LA ENFERMEDAD VESICULAR PORCINA (EVP) ES UNA ENFERMEDAD VIRAL, QUE SE CARACTERIZA POR EL DESARROLLO DE VESÍCULAS Y EROSIONES EN LAS PATAS Y ALREDEDOR DE LA BOCA; LOS SÍNTOMAS SE ASEMEJAN A LA FIEBRE AFTOSA Y OTRAS ENFERMEDADES VESICULARES.

EN LAS PRIMERAS ETAPAS DE LA FORMACIÓN DE LAS VESÍCULAS, EL EPITELIO SE BLANQUEA. LUEGO APARECEN VESÍCULAS ALREDEDOR DE LAS BANDAS CORONARIAS, ESPACIOS INTERDIGITALES Y EN LA PIEL DE LA PARTE INFERIOR DE LAS PATAS, SOBRETODO EN LAS RODILLAS.

LAS VESÍCULAS PRONTO SE ROMPEN DEJANDO EROSIONES NO PROFUNDAS; EN OCASIONES TAMBIÉN SE OBSERVAN EN EL HOCICO, BOCA, LENGUA Y LOS PEZONES; SON RELATIVAMENTE RARAS EN LA CAVIDAD BUCAL.

LOS CERDOS PUEDEN PRESENTAR TEMPORALMENTE RENGUERA O TENER UNA DISMINUCIÓN DEL APETITO DURANTE UNOS DÍAS, CON UNA LIGERA PÉRDIDA DE PESO, EL CUAL SE RECUPERA EN POCO TIEMPO.

SE INFORMÓ FIEBRE DE HASTA 41°C, CONUNA DURACIÓN DE DOS A TRES DÍAS, EN ALGUNAS INFECCIONES EXPERIMENTALES; CON OTRAS CEPAS NO SE OBSERVÓ FIEBRE.

SE HAN REPORTADO SIGNOS NEUROLÓGICOS, PERO SON POCO FRECUENTES; LOS SÍNTOMAS PUEDEN INCLUIR TEMBLORES, MARCHA VACILANTE Y CONVULSIONES RÍTMICAS DE LOS MIEMBROS.

EL ABORTO NO SE OBSERVA TÍPICAMENTE.

CUANDO SE PRODUCEN VESÍCULAS EN LA BANDA CORONARIA, LA PARED DE LA PEZUÑA SE SEPARA DE LOS TEJIDOS SUBYACENTES, PERO ES INUSUAL EL DESPRENDIMIENTO COMPLETO DE LA PEZUÑA.

LA EVP PUEDE SER SUBCLÍNICA, LEVE O AGUDA, DEPENDIENDO DE LA VIRULENCIA DE LA CEPA Y LAS CONDICIONES DE CRÍA.

SE OBSERVAN LESIONES MÁS GRAVES CUANDO LOS CERDOS ESTÁN ENCERRADOS EN CORRALES DE CEMENTO HÚMEDOS, EN VEZ DE CAMAS DE PAJA O CUANDO PERMANECEN EN UNA PASTURA.

ADEMÁS, LOS SÍNTOMAS SON NORMALMENTE MÁS GRAVES EN LOS ANIMALES JÓVENES.

LA MAYORÍA DE LOS CERDOS SE RECUPERAN COMPLETAMENTE DENTRO DE 2-3 SEMANAS, AUNQUE POSTERIOR A LA ENFERMEDAD, UNA LÍNEA HORIZONTAL OSCURA SE PUEDE VER EN LAS PEZUÑAS DONDE EL CRECIMIENTO FUE INTERRUMPIDO TEMPORALMENTE.

NO SUELEN OCURRIR MUERTES. EL VIRUS DE LA ENFERMEDAD VESICULAR PORCINA (VEVP) ES MIEMBRO DEL GENERO ENTEROVIRUS DE LA FAMILIA PICORNAVIRIDAE. EL PERIODO DE INCUBACIÓN GENERALMENTE ES DE 2 A 7 DÍAS, PERO PUEDE SER MÁS LARGO SI LA CARGA VIRAL ES PEQUEÑA.
EL VEVP ES ALTAMENTE CONTAGIOSO POR CONTACTO DIRECTO CON ANIMALES INFECTADOS O POR CONTAMINACIÓN AMBIENTAL.

ESTE VIRUS PUEDE INGRESAR AL CUERPO A TRAVÉS DE LESIONES EN LA PIEL O MEMBRANAS MUCOSAS Y POR INGESTIÓN.

LOS CERDOS PUEDEN ELIMINAR EL VEVP EN LAS SECRECIONES NASALES U ORALES Y HECES HASTA 48 HORAS PREVIO A LA PRESENTACIÓN DE LOS SÍNTOMAS CLÍNICOS.

LOS TEJIDOS PORCINOS TAMBIÉN PUEDEN TRANSMITIR INFECCIONES SI SE ALIMENTA A LOS CERDOS, CON CARNE DE CERDO CRUDA U OTROS DESECHOS.

LA MAYORÍA DE ELLOS ELIMINAN EL VIRUS DENTRO DE LAS DOS SEMANAS, CON MAYOR ELIMINACIÓN DURANTE LA PRIMERA; EN CASOS INUSUALES, LOS ANIMALES PUEDEN PERMANECER INFECTADOS DURANTE TRES MESES O MÁS.

LA ENFERMEDAD VESICULAR PORCINA FUE ENDÉMICA EN GRAN PARTE DE EUROPA, PERO HA SIDO ERRADICADA DE TODAS LAS ÁREAS EXCEPTO DEL SUR DE ITALIA.

TODAVÍA OCURREN BROTES OCASIONALES EN TODA EUROPA, DE VIRUS IMPORTADOS.

EL VEVP TAMBIÉN SE ENCONTRÓ EN EL PASADO EN ALGUNAS PARTES DE ASIA Y SE CREE QUE AÚN ES ENDÉMICO.

EXANTEMA VESICULAR DEL CERDO (CALICIVIRUS)

EL EXANTEMA VESICULAR PORCINO ES UNA ENFERMEDAD INFECCIOSA QUE AFECTA AL CERDO Y ESTÁ PROVOCA UN VIRUS ARN PERTENECIENTE A LA FAMILIA CALICIVIRIDAE, GÉNERO VESIVIRUS.

EL PRIMER AISLAMIENTO DEL VIRUS TUVO LUGAR EN EL AÑO 1932 EN CALIFORNIA, DETECTÁNDOSE POSTERIORMENTE DIFERENTES BROTES, NO PRODUCIÉNDOSE CASOS NUEVOS DESDE EL AÑO 1956.

LA INFECCIÓN CURSA CON LESIONES EN LA PIEL DE LOS ANIMALES Y FORMACIÓN DE VESÍCULAS, PRINCIPALMENTE EN BOCA, PEZONES, Y PATAS.

LAS MANIFESTACIONES SON MUY PARECIDAS A LAS QUE CAUSAN OTRAS ENFERMEDADES DEL CERDO, COMO LA GLOSOPEDA, ENFERMEDAD VESICULAR PORCINA Y ESTOMATITIS VESICULAR.

AL PARECER EL ORIGEN DE LA INFECCIÓN FUE LA UTILIZACIÓN DE RESTOS PROCEDENTES DE MAMÍFEROS MARINOS CONTAMINADOS CON EL VIRUS, PARA LA ALIMENTACIÓN DE LOS CERDOS.

FIEBRE AFTOSA (AFTOVIRUS)

LA FIEBRE AFTOSA ES UNA ENFERMEDAD VIRAL DE CURSO AGUDO, MUY CONTAGIOSA QUE SUFREN LOS ANIMALES DE PEZUÑA HENDIDA.

EN LOS CERDOS ES UNA ENFERMEDAD QUE ALCANZA EL 100% DE MORTALIDAD Y SU MORBILIDAD ES MUY ALTA.

EN LA FASE INICIAL LA ENFERMEDAD SE CARACTERIZA POR LA APARICIÓN DE AFTAS O VESÍCULAS EN EL EPITELIO DE LA BOCA, FOSAS NASALES, MORRO, PATAS, TETILLAS, UBRE, Y ALGUNOS ÓRGANOS INTERNOS.

LA FIEBRE AFTOSA ES CAUSADA POR UN AFTOVIRUS LA FAMILIA PICORNAVIRIDAE. EL VIRUS ES SUMAMENTE SENSIBLE A PH LEJANOS AL NEUTRAL.

EL VIRUS SE TRANSMITE PRINCIPALMENTE A TRAVÉS DE AEROSOLES PRODUCTO DE LA RESPIRACIÓN SOBRETODO BAJO CONDICIONES DE HACINAMIENTO.

PUEDE SER TRANSPORTADO POR EL VIENTO O SER TRASLADADO DE UN LUGAR A OTRO POR PERSONAS ANIMALES Y COSAS.

SE CREE QUE DESPUÉS DE UN BROTE DE AFTOSA LOS ANIMALES PUEDEN MANTENER EL VIRUS EN LAS AMÍGDALAS HASTA POR TRES AÑOS.

DE IGUAL MANERA EL VIRUS SOBREVIVE EN LA LECHE DE ANIMALES INFECTADOS.

LA CAUSA MÁS COMÚN DE INGRESO DEL VIRUS EN UNA GRANJA ES A TRAVÉS DE LA INTRODUCCIÓN DE ANIMALES INFECTADOS.

LA ENFERMEDAD SE PUEDE PRESENTAR DE DISTINTAS MANERAS PERO DE MANERA GENERAL SE PRESENTA:

- APATÍA Y FALTA DE APETITO.
- FIEBRE.
- CHASQUIDO DE LOS LABIOS.
- BABOSEO.
- TEMBLORES.
- INESTABILIDAD EN LAS PATAS TRASERAS Y COCCEO.
- FORMACIÓN DE VESÍCULAS EN EL EPITELIO DE LA BOCA, FOSAS NASALES, HOCICO, ESPACIOS INTERDIGITALES, BANDAS CORONARIAS Y GLÁNDULAS MAMARIAS. ABORTOS.

- CONVULSIONES.
- MUERTE.

EN LA MAYORÍA DE LOS CASOS SINO SE LLEVA A CABO UN PLAN SANITARIO EFICIENTE SE PRESENTAN INFECCIONES BACTERIANAS SECUNDARIAS. LOS SIGNOS CLÍNICOS NO PUEDEN DIFERENCIARSE DE LOS DE LA ESTOMATITIS VESICULAR, EXANTEMA VESICULAR Y ENFERMEDAD VESICULAR.

EL DIAGNÓSTICO DIFERENCIAL SE REALIZA EN EL LABORATORIO HACIENDO USO DE ALGUNA DE LAS SIGUIENTES PRUEBAS:

- FIJACIÓN DE COMPLEMENTO.
- NEUTRALIZACIÓN DEL VIRUS.
- PRECIPITACIÓN EN AGAR - GEL.
- ELISA NO EXISTE UN TRATAMIENTO PARA LA CURA DE ESTA ENFERMEDAD.

EL TRATAMIENTO SINTOMÁTICO AYUDA A ALIVIAR LOS SIGNOS PERO NO EVITA QUE SE DIFUNDA LA ENFERMEDAD:

-LA APLICACIÓN DE UN ANTIBIÓTICO QUE CUMPLE LA DOBLE FUNCIÓN DE ACELERAR LA RECUPERACIÓN DE LAS ZONAS AFECTADAS ASÍ COMO EVITAR LA INVASIÓN DE DICHAS ZONAS POR BACTERIAS PATÓGENAS OPORTUNISTAS.

-LA ADMINISTRACIÓN DE SUERO PARA LOS ANIMALES ADULTOS Y SUSTITUTO LÁCTEO PARA LOS CERDITOS BEBES, SE DEBE EVITAR LA DESHIDRATACIÓN DE LOS ANIMALES COMO CONSECUENCIA DE LA FIEBRE Y EL RECHAZO AL CONSUMO DE ALIMENTO Y AGUA.

-SE DEBEN SEPARA LOS ANIMALES AFECTADOS DE LOS SANOS. LOS ANIMALES ENFERMOS SE ALIMENTAN Y SE ATIENDEN AL FINAL.

-SE RECOMIENDA DESINFECTAR LOS GALPONES AFECTADOS CON SOLUCIÓN DE YODO AL10%. DE IGUAL MANERA SE DEBE DESINFECTAR LA VESTIMENTA, ZAPATOS O BOTAS DEL PERSONAL Y VEHÍCULOS QUE PASEN CERCA DEL ÁREA AFECTADA.

-LAS AFTAS O VESÍCULAS DEBEN SER TRATADAS CON SOLUCIONES CONCENTRADAS DE CLORURO DE SODIO, BICARBONATO DE SODIO, ÁCIDO ACÉTICO Y EN MUCHOS CASOS SE UTILIZA EL JUGO DE LIMÓN Y EL AZUL DE METILENO.

EL MEJOR TRATAMIENTO ES EL PREVENTIVO:

-SE DEBEN VACUNAR TODOS LOS ANIMALES DE PEZUÑA HENDIDA DENTRO DE OS CICLOS DE VACUNACIÓN (MAYO - JUNIO) Y (NOVIEMBRE - DICIEMBRE).

LA VACUNA DEBE ESTAR AUTORIZADA POR EL SERVICIO AUTÓNOMO DE SANIDAD ANIMAL.
SASA.

Y MANTENERSE BAJO UN RANGO DE TEMPERATURA QUE VARÍA DESDE LOS 3º HASTA LOS 7º C.

NEUMONIA EPIDEMICA PORCINA (MYCOPLASMA HYOPNEUMONIAE)

LA NEUMONÍA ENZOÓTICA PORCINA (NEP) ES CAUSADA POR EL MYCOPLASMA HYOPNEUMONIAE (MHP).

SE TRATA DE UNA ENFERMEDAD DE ALTA MORBILIDAD Y BAJA MORTALIDAD DISTRIBUIDA AMPLIAMENTE POR TODO EL MUNDO.

EL CONTAGIO OCURRE PRINCIPALMENTE POR CONTACTO DIRECTO CON SECRECIONES DEL APARATO RESPIRATORIO DEL CERDO INFECTADO.

LA TRANSMISIÓN AÉREA ES LA MÁS IMPORTANTE.

SE HAN PROPUESTO TRES MECANISMOS POR LOS CUALES LA INFECCIÓN DE MHP SE MANTIENE EN UNA GRANJA:

1) TRANSMISIÓN DE MADRES INFECTADAS A LECHONES
2) DE LECHONES INFECTADOS A OTROS NO INFECTADOS EN LAS PARIDERAS Y SALAS DE TRANSICIÓN
3) TRANSMISIÓN DE ANIMALES DE ENGORDE A OTROS MÁS JÓVENES QUE ENTRAN A ESAS INSTALACIONES.

POR ELLO EL CONOCIMIENTO DE LA DINÁMICA DE TRANSMISIÓN DEL MICROORGANISMO DENTRO DE UN GRUPO DE CERDOS ES CRÍTICO PARA ESTABLECER MEDIDAS DE CONTROL EN CADA GRANJA EN PARTICULAR.

EL PERIODO DE INCUBACIÓN DE LA ENFERMEDAD VARÍA DE 10 A 16 DÍAS BAJO CONDICIONES NATURALES. EL COMIENZO DE LA ENFERMEDAD PROBABLEMENTE DEPENDA DE LA INTENSIDAD DE LA INFECCIÓN CON EL MICROORGANISMO EN LAS SUPERFICIES DE LA MUCOSA TRAQUEAL Y BRONQUIAL.

LA ENFERMEDAD HA SIDO DESCRIPTA EN CERDOS DE 2 SEMANAS DE EDAD, AUNQUE POR LO GENERAL SE DISEMINA MÁS LENTAMENTE Y MUCHOS ANIMALES LO EVIDENCIAN ENTRE LOS TRES Y CINCO MESES.

ES DECIR, MHP COLONIZA A LOS LECHONES TEMPRANAMENTE, SIENDO SU MADRE LA FUENTE DE TRANSMISIÓN, PERO EL MAYOR IMPACTO SE VE EN CERDOS DE ENGORDE, ALREDEDOR DE LAS 18 SEMANAS DE EDAD.

SIGNOS CLÍNICOS Y LESIÓN:

EL PRINCIPAL SIGNO CLÍNICO ES UNA TOS CRÓNICA E IMPRODUCTIVA, EL COMIENZO DE LA ENFERMEDAD ES GRADUAL Y LA TOS CONTINÚA POR SEMANAS A MESES, AUNQUE ALGUNOS ANIMALES AFECTADOS PUEDEN TENER POCA TOS O NADA.

ESTO ES IMPORTANTE YA QUE AL PRESENTARSE EN FORMA SUB-CLÍNICA, ÉSTA PUEDE PASAR DESAPERCIBIDA, MANIFESTÁNDOSE SOLAMENTE EN UNA MENOR PRODUCCIÓN. ES MUY COMÚN QUE LA NEUMONÍA INDUCIDA POR MHP PREDISPONGA A LOS CERDOS A NEUMONÍA CAUSADA POR PASTEURELLA MULTOCIDA Y ACTINOBACILLUS PLEUROPNEUMONIAE.

AQUELLOS ANIMALES CON ESTA "INFECCIÓN SECUNDARIA" PUEDEN MOSTRAR INAPETENCIA, RESPIRACIÓN FORZADA O EN GOLPES, AUMENTO DE LA TOS, TEMPERATURA ELEVADA, POSTRACIÓN Y UN AUMENTO EN LA MORBILIDAD.

LAS LESIONES PULMONARES OBSERVADAS EN FRIGORÍFICO O A LA NECROPSIA, EN CERDOS AFECTADOS CON MHP CONSISTEN EN ÁREAS DE CONSOLIDACIÓN DE COLOR PÚRPURA A GRIS, ESTAS LESIONES SE ENCUENTRAN POR LO GENERAL EN LA PORCIÓN VENTRAL DE LOS LÓBULOS APICAL Y CARDÍACO, ACCESORIO Y LA PORCIÓN CRANEAL DEL DIAFRAGMÁTICO.

AL CORTAR EL PULMÓN AFECTADO, PRESENTA UNA CONSISTENCIA "CARNOSA".

EN LAS FASES TEMPRANAS DE LA ENFERMEDAD SE PRESENTA UN EXUDADO MUCOSO EN LAS VÍAS AÉREAS.

EN CUANTO A LAS LESIONES MICROSCÓPICAS, SI BIEN EXISTEN LESIONES SUS CARACTERÍSTICAS SON :

HIPERPLASIA, LINFOPLASMOCÍTICA PERIVASCULAR Y PERIBRONQUIAL.
HIPERPLASIA NEUMOCITOS TIPO II.
NODULACIONES LINFOIDES PERIVASCULAR Y PERIBRONQUIAL.

TRATAMIENTO Y CONTROL:

UNA DE LAS MEDIDAS A TOMAR PODÍA SER LA VACUNACIÓN PUDIENDO REDUCIR LA NEUMONÍA Y LAS PÉRDIDAS ASOCIADAS CON MHP EN PIARAS AFECTADAS, LA RELACIÓN COSTO-BENEFICIO HA SIDO REPORTADA COMO MAYOR A 5:1.

RESPECTO AL TRATAMIENTO ANTIBIÓTICO, PUEDE DECIRSE QUE MHP ES SENSIBLE A VARIOS DE ELLOS, COMO LA LINCOMICINA, TIAMULINA, CLORTETRACICLINA, TILMICOSINA, TILOSINA, TULATROMICINA Y ENROFLOXACINA USADAS SOLAS O EN COMBINACIÓN.

EN LOS ÚLTIMOS TIEMPOS SE HA DESCRIPTO LA ADQUISICIÓN DE RESISTENCIA A ALGUNO DE ELLOS (TILOSINA, TILMICOSINA, LINCOSAMIDAS Y FLUOROQUINOLONAS).

***PESTE PORCINA AFRICANA* (POXVIRIDAE ANTES IRIDOVIRUS)**

ES UNA ENFERMEDAD VIRAL MUY CONTAGIOSA EN LOS CERDOS, LA CUAL PRESENTA SIGNOS Y SÍNTOMAS MUY PARECIDOS A LOS DEL CÓLERA PORCINO.

ES CAUSADA POR UN IRIDOVIRUS QUE PRESENTA ALGUNAS PROPIEDADES DE LOS VIRUS DE LAS VIRUELAS.

PUEDE AISLARSE A PARTIR DE TEJIDOS DE ANIMALES PORTADORES HASTA TRES AÑOS DESPUÉS DE HABER OCURRIDO LA INFECCIÓN.

SÍNTOMAS:

- FIEBRE.
- LOS ANIMALES DEJAN DE COMER.
- APATÍA Y DESCORDINACIÓN.
- AUMENTA LA FRECUENCIA CARDÍACA Y RESPIRATORIA.
- VÓMITO, DIARREA Y DESCARGAS OCULARES.
- ABORTOS EN MARRANAS PREÑADAS.

DIAGNÓSTICO:

- ENFERMEDAD MUY PARECIDA AL CÓLERA PORCINO, GENERALMENTE SE CONFUNDEN.

ENVIAR MUESTRAS DE SANGRE, BAZO Y GANGLIOS LINFÁTICOS AL LABORATORIO PARA LA DUPLICACIÓN DEL VIRUS QUE PODRÁ IDENTIFICARSE POR INMUNOELECTROFORESIS, INMUNOFLUORESCENCIA O ELISA.

TRATAMIENTO:

NO EXISTE UN TRATAMIENTO ESPECIFICO PARA ESTA ENFERMEDAD Y GENERALMENTE SE ELIMINAN LOS ANIMALES PORTADORES.

GRUPO 2

ESTÁ INTEGRADO POR LAS ENFERMEDADES ENZOÓTICAS TRANSMISIBLES QUE SE ENCUENTRAN EN EL TERRITORIO NACIONAL Y QUE POR SUS EFECTOS SIGNIFICATIVOS EN LA PRODUCCIÓN PECUARIA, COMERCIO INTERNACIONAL SALUD PÚBLICA Y DE IMPORTANCIA ESTRATÉGICA PARA LAS ACCIONES DE SALUD ANIMAL EN EL PAÍS, SON DE NOTIFICACIÓN INMEDIATA OBLIGATORIA A LAS AUTORIDADES COMPETENTES DE SANIDAD ANIMAL DEL PAÍS, SIENDO LAS SIGUIENTES:

ANTRAX (BACILLUS ANTHRACIS)

EL ÁNTRAX EN CERDOS ES RELATIVAMENTE RARO Y SE PRESENTA COMO UNA MUERTE SÚBITA PERO PUEDE MANIFESTARSE EN TRES FORMAS BASADAS EN LA LOCALIZACIÓN DE LA INFECCIÓN:

ÁNTRAX DEFARINGE, ÁNTRAX INTESTINAL O ÁNTRAX SISTÉMICO. ES CRÍTICO HACER UNA NECROPSIA EN EL CAMPO YA QUE SE PUEDE CONTAMINAR EL AMBIENTE CON ESPORAS.

EL ÁNTRAX ES UNA ENFERMEDAD ZOONÓTICA. NOMBRES ALTERNATIVOS:

BACILLUS ANTHRACIS, CARBUNCLO BACTERIANO, CARBUNCO, FIEBRE ESPLÉNICA.

LA FUENTE DE INFECCIÓN EN CERDAS ES NORMALMENTE UN PIENSO CONTAMINADO CON ESPORAS DEL BACILLUS ANTHRACIS.

SÍNTOMAS:

- ENFERMEDAD AGUDA.
- FIEBRE.
- ANSIEDAD RESPIRATORIA.

¬ MUERTE SÚBITA.

¬ GARGANTA INFLAMADA, NÓDULOS LINFÁTICOS DEL CUELLO Y ABDOMEN AUMENTADOS DE TAMAÑO Y HEMORRAGIAS.
¬ HECES CON SANGRE.
¬ HEMORRAGIA NASAL.

DIAGNÓSTICO:

DEBE SOSPECHARSE DE ÁNTRAX SI UNA CERDA SE HALLA MUERTA Y EL EXAMEN POST- MORTEM MUESTRA TEJIDOS HEMORRÁGICOS Y LOS LINFONODOS DEL CUELLO Y DEL ABDOMEN ESTÁN ENROJECIDOS E INFLAMADOS.

LA BRUCELOSIS PORCINA

ES UNA INFECCIÓN CAUSADA POR LAS BIOVARIEDADES 1, 2 O 3 DE BRUCELLA SUIS.

GENERALMENTE, LA ENFERMEDAD SE TRANSMITE MEDIANTE EL CONSUMO DE ALIMENTOS CONTAMINADOS POR LOS ANEXOS FETALES Y O DEL ABORTO Y DE LAS SECRECIONES UTERINAS.

ES NORMAL QUE LOS CERDOS COMAN LOS ANEXOS Y LOS FETOS ABORTADOS.

CON MUCHA FRECUENCIA TAMBIÉN SE PRODUCE LA INFECCIÓN DURANTE LA MONTA Y, ESTO TIENE IMPLICACIONES PARA AQUELLAS PERSONAS QUE PRACTICAN LA INSEMINACIÓN ARTIFICIAL.

EN LOS CERDOS Y EN LOS RUMIANTES, B. SE COLONIZA LAS CÉLULAS DEL TRACTO REPRODUCTOR DE AMBOS SEXOS TRAS UNA BACTERIA INICIAL.

EN LAS HEMBRAS, INVADE LAS PLACENTAS Y LOS FETOS, EN TANTO QUE EN LOS MACHOS, LA INVASIÓN TIENE LUGAR EN UNA O MÁS DE LAS SIGUIENTES ZONAS:

TESTÍCULOS, PRÓSTATA, EPIDÍDIMO, VESÍCULAS SEMINALES Y/ O GLÁNDULAS BULBO-URETRALES.

LAS LESIONES EN LOS MACHOS, QUE CASI SIEMPRE SON UNILATERALES, COMIENZAN CON UNA HIPERPLASIA QUE PUEDE PROGRESAR HASTA LA FORMACIÓN DE ABSCESOS; LA ETAPA FINAL SE CARACTERIZA POR LA ESCLEROSIS Y LA ATROFIA.

EN VARIAS ARTICULACIONES SE PUEDE PRESENTAR ARTRITIS Y A VECES ESPONDILITIS.

EL ABORTO ES LA MANIFESTACIÓN MÁS COMÚN DE LA BRUCELOSIS EN LAS CERDAS, LO QUE SUCEDE MUY TEMPRANAMENTE O EN CUALQUIER MOMENTO DE LA GESTACIÓN.

LA SECRECIÓN VAGINAL NO ES EVIDENTE CON FRECUENCIA Y PUEDE PARECER UN CASO DE INFERTILIDAD MÁS QUE DE ABORTO.

EN LOS MACHOS, ES MÁS PROBABLE QUE LA BRUCELOSIS SEA PERSISTENTE, CON LESIONES EN EL TRACTO GENITAL QUE A MENUDO PROVOCAN INTERFERENCIAS CON LA ACTIVIDAD SEXUAL Y QUE PUEDEN SER TEMPORALES O PERMANENTES.

LAS ARTICULACIONES Y LAS VAINAS DE LOS TENDONES PUEDEN ESTAR INFLAMADAS EN AMBOS SEXOS POR LO QUE ES POSIBLE QUE APAREZCA COJERA Y, OCASIONALMENTE, PARÁLISIS POSTERIOR.

UNA PROPORCIÓN SIGNIFICATIVA DE LOS CERDOS Y LAS CERDAS SE RECUPERARÁ DE LA INFECCIÓN, CON FRECUENCIA EN UNOS 6 MESES, PERO MUCHOS PERMANECERÁN INFECTADOS DE FORMA PERMANENTE.

ENFERMEDAD DE AUJESZKY (HERPESVIRUS SUS TIPO I)

LA ENFERMEDAD DE AUJESZKY, TAMBIÉN CONOCIDA COMO PSEUDORABIA, ES UNA ENFERMEDAD INFECCIOSA PRODUCIDA POR UN VIRUS DE LA FAMILIA HERPESVIRUS.

EL CERDO Y EL JABALÍ SON LOS ÚNICOS HOSPEDADORES NATURALES, ES DECIR, SON LOS ÚNICOS ANIMALES QUE PUEDEN ALOJAR DE FORMA CRÓNICA EL VIRUS Y SON LA PRINCIPAL FUENTE DE CONTAGIO DE LA ENFERMEDAD.

LA VÍA DE ENTRADA HABITUAL DEL VIRUS ES LA VÍA RESPIRATORIA.

LUEGO INVADE EL SISTEMA NERVIOSO CENTRAL A TRAVÉS DE LOS NERVIOS OLFATORIO, TRIGÉMINO Y GLOSOFARÍNGEO.

DESDE EL SISTEMA NERVIOSO CENTRAL, EL VIRUS PASA A LOS GANGLIOS LINFÁTICOS EN LOS QUE SE REPLICA Y PRODUCE VIREMIA, ES DECIR, SE DISTRIBUYE POR TODO EL ORGANISMO. ES UN HERPESVIRUS Y, POR TANTO, ES CAPAZ DE ESTABLECER INFECCIONES LATENTES.

EL VIRUS SE ELIMINA EN GRANDES CANTIDADES MEDIANTE EXUDADOS NASALES Y SALIVA, Y, EN MENOR CANTIDAD, A TRAVÉS DE LA LECHE, LA ORINA Y EL SEMEN, DE FORMA INTERMITENTE. EL VIRUS DE LA ENFERMEDAD DE AUJESZKY ES UN AGENTE ALTAMENTE CONTAGIOSO.

EL CONTAGIO PUEDE DARSE POR VÍA DIRECTA O INDIRECTA:

• VÍA DIRECTA:

ORONASAL (A TRAVÉS DE LA BOCA Y LA NARIZ, LA MÁS COMÚN), GENITAL, GALACTÓFORA (A TRAVÉS DE LA LECHE), PERINATAL (DURANTE EL PASO DEL ANIMAL POR EL CANAL DEL PARTO), TRANSPLACENTARIA.

VÍA INDIRECTA: HECES (EL VIRUS PERSISTE EN CONDICIONES DE FRÍO Y HUMEDAD, PERO MUERE CUANDO ESTÁ EXPUESTO AL SOL); OTROS ANIMALES (PERROS, GATOS, RATONES, ETC.) QUE LO TRANSPORTAN EN LAS PATAS, LA PIEL, LAS PLUMAS, ETC.; PERSONAS (EN CABELLO, BOTAS, MONOS, ETC.), PIENSO O AGUA CONTAMINADOS, MOSCAS, AEROSOLES CONTAMINADOS… ETC.

CUANDO EL VIRUS ENTRA EN UNA EXPLOTACIÓN NO VACUNADA SU DISEMINACIÓN ES MUY RÁPIDA.

MUCHOS ANIMALES INFECTADOS MUEREN Y MUCHOS DE LOS QUE SOBREVIVEN SE CONVIERTEN EN PORTADORES, CREANDO UNA GRANJA ENDÉMICA.

SÍNTOMAS Y LESIONES:

LA ENFERMEDAD SE MANIFIESTA EN TRES FORMAS CLÍNICAS: NERVIOSA, RESPIRATORIA Y REPRODUCTIVA.

TAMBIÉN PUEDE PASAR DESAPERCIBIDA (INAPARENTE).

• **NERVIOSA**:

TÍPICA DE LOS ANIMALES JÓVENES (DE 0 A 9 SEMANAS).

LOS SÍNTOMAS SON FIEBRE (HASTA 41 ºC), VÓMITOS E HIPERSALIVACIÓN, SINTOMATOLOGÍA NERVIOSA Y MUERTE DEL 100 % DE LOS NEONATOS (0 A 3 SEMANAS) Y DE UN 10-50 % DE LOS ANIMALES DESTETADOS (DE 4 A 9 SEMANAS).

• RESPIRATORIA:

TÍPICA DE CERDOS EN CRECIMIENTO Y CEBO.
LOS SÍNTOMAS SON FIEBRE, DEPRESIÓN, ANOREXIA, ESTORNUDOS Y DESCARGA NASAL (DEBIDA A LA RINITIS), TOS RONCA Y RESPIRACIÓN DIFICULTOSA.

• REPRODUCTIVA:

TÍPICA DE CERDAS GESTANTES.
LOS SÍNTOMAS SON ABORTO (ACOMPAÑADO O NO DE FIEBRE Y ANOREXIA), REABSORCIÓN Y RETORNO DEL CELO DEL ANIMAL, MOMIFICACIONES Y MORTINATOS (LAS CRÍAS NACEN MUERTAS), ASÍ COMO NEONATOS QUE NACEN MUY DÉBILES Y MUEREN EN LAS PRIMERAS 24 HORAS.

LAS LESIONES ESTÁN AUSENTES O SON MÍNIMAS Y NO DETECTABLES.

SI APARECEN, AYUDAN AL DIAGNÓSTICO CUANDO SE COMBINAN CON LA ANAMNESIS Y LOS SIGNOS CLÍNICOS:

RINITIS SEROSA O SEROFIBRINOSA, GANGLIOS REGIONALES HINCHADOS Y HEMORRÁGICOS, MENINGOENCEFALITIS PURULENTA, LESIONES PULMONARES, QUERATOCONJUNTIVITIS, NECROSIS FOCALES EN ÓRGANOS LINFOIDES Y EPITELIOS RESPIRATORIOS Y ENDOMETRITIS CATARRAL CON ENGROSAMIENTO DE LA PARED DEL ÚTERO.

"NO EXISTE TRATAMIENTO PARA LA ENFERMEDAD."

PREVENCIÓN:

• EN LA ACTUALIDAD EL CONTROL DE LA ENFERMEDAD DE AUJESZKY EN ZONAS ENDÉMICAS SE FUNDAMENTA EN LA VACUNACIÓN.

• ES IMPRESCINDIBLE EL ESFUERZO Y LA COLABORACIÓN DE TODOS LOS GANADEROS DE UNA MISMA ZONA, YA QUE EL ESFUERZO INDIVIDUAL PUEDE NO VERSE RECOMPENSADO SI LAS EXPLOTACIONES VECINAS NO APLICAN LAS MISMAS NORMAS DE CONTROL.

• UNA NORMA EUROPEA ESTABLECE QUE LOS ESTADOS DEBEN NOTIFICAR OBLIGATORIAMENTE LA ENFERMEDAD Y DEBEN TENER PLANES DE CONTROL Y ERRADICACIÓN.

ESTOMATITIS VESICULAR (VESICULOVIRUS)

ESTA ENFERMEDAD VIRAL ZOONÓTICA SE CARACTERIZA POR VESÍCULAS, EROSIONES Y ÚLCERAS EN LA BOCA, PATAS Y UBRES. DOLOR, ANOREXIA Y MASTITIS SECUNDARIAS PUEDEN CAUSAR DISMINUCIÓN DE LA PRODUCTIVIDAD EN TODAS LAS ESPECIES Y ALGUNOS CERDOS INFECTADOS CON ALGUNO, DE LOS VIRUS, PUEDEN MORIR.

LA (EV) SE ASEMEJA A TRES ENFERMEDADES VESICULARES EXÓTICAS:

* LA FIEBRE AFTOSA (FA), LA ENFERMEDAD VESICULAR PORCINA Y AL EXANTEMA VESICULAR DEL CERDO.

* EL VIRUS DE LA ESTOMATITIS VESICULAR (VEV) ES UN MIEMBRO DEL GÉNERO VESICULORIS EN LA FAMILIA RHABDOVIRIDAE.

LA TRANSMISIÓN DE LA ESTOMATITIS VESICULAR Y LA IMPORTANCIA RELATIVA DE LAS DIFERENTES VÍAS DE TRANSMISIÓN PARA CADAVIRUS, NO ESTÁ COMPLETAMENTE ENTENDIDA.

LOS INSECTOS VECTORES PARECEN INTRODUCIR (EV) EN POBLACIONES DE ANIMALES DOMÉSTICOS.

LOS IMPORTANTES VECTORES BIOLÓGICOS INCLUYEN MOSCAS DE LA ARENA (LUTZOMYIA SP.) Y MOSCAS NEGRAS (FAMILIA SIMULIIDAE); COMO TAMBIÉN JEJÉN CULICOIDES.

UNA VEZ QUE SE HA INTRODUCIDO EN UN RODEO, LA ESTOMATITIS VESICULAR SE PUEDE PROPAGAR DE ANIMAL A ANIMAL POR CONTACTO DIRECTO. EXCORIACIONES O HERIDAS EN LA PIEL O MEMBRANAS MUCOSAS, PUEDEN FACILITAR LA ENTRADA DEL VIRUS.

LOS ANIMALES INFECTADOS LIBERAN EL VEV EN EL LÍQUIDO DE LAS VESÍCULAS, SALIVA Y EN MENOR MEDIDA, EN LAS SECRECIONES NASALES.

LA ESTOMATITIS VESICULAR SE CARACTERIZA POR VESÍCULAS, PÁPULAS, EROSIONES Y ÚLCERAS; ESTAS LESIONES SE ENCUENTRAN SOBRE TODO ALREDEDOR DE LA BOCA, PERO TAMBIÉN PUEDEN ESTAR PRESENTES EN LAS PATAS, UBRE Y EL PREPUCIO.

LA SALIVACIÓN EXCESIVA ES A MENUDO EL PRIMER SÍNTOMA.

UN EXAMEN MÁS DETENIDO PUEDE REVELAR LAS VESÍCULAS ABULTADAS (AMPOLLAS) CARACTERÍSTICAS; ESTAS VARÍAN MUCHO EN TAMAÑO, MIENTRAS QUE ALGUNAS SON TAN PEQUEÑAS COMO UNA ARVEJA, OTRAS PUEDEN CUBRIR TODA LA SUPERFICIE DE LA LENGUA.

AL ROMPERSE SE CONVIERTEN EN EROSIONES O ÚLCERAS, ESTO PUEDE SUCEDER ANTES DE QUE SE OBSERVEN LAS VESÍCULAS.

GENERALMENTE SE DESARROLLA UNA FIEBRE TRANSITORIA CUANDO APARECEN LAS LESIONES.

LAS LESIONES DE ESTOMATITIS VESICULAR SON DOLOROSAS Y PUEDEN CAUSAR ANOREXIA, DISMINUCIÓN DE LA INGESTA DE AGUA, Y COJERA.

EN ALGUNOS CASOS, EL EPITELIO DE LA LENGUA O DEL MORRO PUEDE MUDAR Y LOS ORIFICIOS NASALES Y EL HOCICO PUEDEN INFLAMARSE.

TRATAMIENTO:

EL TRATAMIENTO ES SINTOMÁTICO.LA LIMPIEZA DE LAS LESIONES CON UNA SOLUCIÓN ANTISÉPTICA SUAVE PUEDE AYUDAR A LA CURACIÓN Y REDUCIR LAS INFECCIONES BACTERIANAS SECUNDARIAS.

A LOS ANIMALES CON LESIONES EN LA BOCA SE LES DEBE DAR ALIMENTOS BLANDOS.

FIEBRE PORCINA CLASICA (PESTIVIRUS)

LA FIEBRE O PESTE PORCINA CLÁSICA ES UNA ENFERMEDAD CAUSADA POR UN VIRUS ARN PERTENECIENTE AL GÉNERO PESTIVIRUS DE LA FAMILIA FLAVIVIRIDAE, DEL QUE EXISTEN VARIANTES (CEPAS) DE DISTINTA VIRULENCIA.

AFECTA A LOS CERDOS DE TODAS LAS EDADES, TANTO DOMÉSTICOS COMO SALVAJES, Y SE ENCUENTRA MUY DIFUNDIDA EN EL MUNDO.

ES UNA ENFERMEDAD MUY CONTAGIOSA Y DE DECLARACIÓN OBLIGATORIA URGENTE.

EL ÚNICO HOSPEDADOR NATURAL DEL VIRUS ES EL CERDO, TANTO DOMÉSTICO COMO SILVESTRE, AUNQUE EL VIRUS ES CAPAZ DE REPLICARSE EN OTRAS ESPECIES ANIMALES.

LOS JABALÍES PUEDEN ACTUAR COMO RESERVORIOS. EXISTEN DIVERSAS VÍAS DE INFECCIÓN:

• INGESTIÓN.
• CONTACTO CON LA CONJUNTIVA (MUCOSAS).
• INHALACIÓN.
• ABRASIONES DE LA PIEL.
• INSEMINACIÓN (SEMEN).

UNA VEZ EN EL ANIMAL, EL VIRUS SE REPRODUCE EN LAS AMÍGDALAS (INFECCIÓN ORAL O NASAL) O EN LOS GANGLIOS LINFÁTICOS REGIONALES (VAGINAL, PIEL).

POSTERIORMENTE EL VIRUS PASA A LA SANGRE. FINALMENTE, SE DISEMINA POR LOS ÓRGANOS DIANA (BAZO, GANGLIOS, RIÑÓN, PULMÓN, MÉDULA ÓSEA), DONDE SE PRODUCE UNA NUEVA REPLICACIÓN VIRAL Y LESIONES DE CARÁCTER HEMORRÁGICO.

LAS PRINCIPALES VÍAS DE ELIMINACIÓN DEL VIRUS SON LAS SECRECIONES ORONASALES Y LACRIMALES, ORINA Y HECES. UNA VEZ ELIMINADO EL VIRUS, EL ANIMAL PUEDE CONVERTIRSE EN PORTADOR.

LA FORMA MÁS COMÚN DE TRANSMISIÓN ES MEDIANTE EL CONTACTO DIRECTO ENTRE ANIMALES INFECTADOS (EN LA FASE AGUDA O PORTADORES) Y ANIMALES SANOS, A TRAVÉS DE EXUDADOS (SECRECIONES, EXCRECIONES, SEMEN, SANGRE).

EL MOVIMIENTO DE ANIMALES ES LA PRINCIPAL FORMA DE DISEMINACIÓN. EXISTEN OTRAS IMPORTANTES VÍAS DE CONTAGIO INDIRECTO DE ESTA ENFERMEDAD:

* PERSONAS QUE ENTRAN EN LAS EXPLOTACIONES: VETERINARIOS, COMERCIANTES DE PORCINOS, ETC.

* CONTACTO INDIRECTO A TRAVÉS DE MATERIALES CONTAMINADOS HERRAMIENTAS, VEHÍCULOS, ROPA, CALZADO, INSTRUMENTOS, EQUIPO QUIRÚRGICO, ETC.

* INSECTOS Y ROEDORES.

*INSEMINACIÓN ARTIFICIAL CON SEMEN CONTAMINADO.

*ALIMENTOS PARA LOS CERDOS A BASE DE DESECHOS POCOS COCIDOS.

*TRANSMISIÓN DE MADRES PORTADORAS INAPARENTES A SUS LECHONES (A TRAVÉS DE LA BARRERA PLACENTARIA) O A OTROS ANIMALES ADULTOS SUSCEPTIBLES.

SÍNTOMAS Y LESIONES:

PERIODO DE INCUBACIÓN ENTRE 2-14 DÍAS Y CUADRO HEMORRÁGICO GENERALIZADO QUE DEPENDE DEL ESTADO INMUNE, LA EDAD DEL ANIMAL AFECTADO Y LA VIRULENCIA DE LA CEPA.

• FORMA SOBREAGUDA O HIPERAGUDA

- SÍNTOMAS: MORBILIDAD Y MORTALIDAD MUY ELEVADAS, LETARGIA Y MUERTE ENTRE 24- 48 HORAS TRAS LA INFECCIÓN.
- LESIONES: INESPECÍFICAS, CONGESTIÓN DE PULMONES, HÍGADO Y TRACTO GASTROINTESTINAL.

• FORMA AGUDA

- SÍNTOMAS: FIEBRE, ANOREXIA, LETARGIA, HEMORRAGIAS Y CIANOSIS EN LA PIEL, CONJUNTIVITIS, ESTREÑIMIENTO TRANSITORIO SEGUIDO DE DIARREA, VÓMITOS OCASIONALES, DISNEA, TOS, ATAXIA, CONVULSIONES.

MORTALIDAD PRÓXIMA AL 100 %.

- LESIONES: PETEQUIAS EN ÓRGANOS (RIÑONES, VEJIGA URINARIA, GANGLIOS LINFÁTICOS, BAZO, LARINGE, ETC.), INFECCIONES BACTERIANAS SECUNDARIAS.

FORMA SUB-AGUDA

- SÍNTOMAS:

SIMILARES A LA FORMA AGUDA PERO DE MENOR INTENSIDAD, CURSO MÁS LENTO, PERIODO DE INCUBACIÓN MÁS PROLONGADO, TASA DE MORTALIDAD MENOR DEL 30 %. –

LESIONES: SIMILARES A LAS DE LA FORMA AGUDA. SON CARACTERÍSTICAS LAS ÚLCERAS BOTONOSAS O BOTONES PESTOSOS EN INTESTINO, ÁREAS DE NECROSIS CIRCULARES Y CONCÉNTRICAS MUY BIEN DELIMITADAS, DE UNOS POCOS MILÍMETROS A VARIOS CENTÍMETROS DE DIÁMETRO.

• FORMA CRÓNICA

- SÍNTOMAS:

CURSO MUY LENTO, PERIODOS PROLONGADOS E INTERMITENTES DE FIEBRE Y VIREMIA, POSTRACIÓN, APETITO IRREGULAR, RETRASO DEL CRECIMIENTO, TOS, DIARREA, ABORTO, INFECCIONES BACTERIANAS SECUNDARIAS, APARENTE RECUPERACIÓN CON RECAÍDA Y MUERTE.

- LESIONES: ENTERITIS DIFTEROIDE DIFUSA, ÚLCERAS BOTONOSAS EN CIEGO E INTESTINO GRUESO.

• FORMA TRANSPLACENTARIA

- LECHONES NACIDOS MUERTOS O DÉBILES, MOMIFICACIONES Y MALFORMACIONES FETALES, INFECCIÓN CONGÉNITA PERSISTENTE EN LECHONES QUE SOBREVIVEN, CONVIRTIÉNDOSE EN PORTADORES.

NO EXISTE TRATAMIENTO. RABIA (LYSSAVIRUS TIPO I).

ENFERMEDAD INFECCIOSA AGUDA, ZOONÓTICA, CAUSADA PORUN LYSSAVIRUS.

AFECTA TODOS LOS ANIMALES DE SANGRE CALIENTE INCLUYENDO AL HOMBRE. AFECTA PRINCIPALMENTE EL SISTEMA NERVIOSO CENTRAL. ES DE ALTA MORTALIDAD.

REPRESENTA IMPORTANCIA ECONÓMICA. RESERVORIOS:

MOFETAS, MAPACHES, ZORROS, LOBOS Y LOS MURCIÉLAGOS HEMATÓFAGOS LOS ANIMALES LACTANTES SON MÁS SUSCEPTIBLES QUE LOS ADULTOS, Y ESTOS A SU VEZ, SON MAS SUSCEPTIBLES QUE LOS ANIMALES VIEJOS, Y AFECTA MÁS A ANIMALES QUE HABITAN ZONAS TROPICALES Y SUBTROPICALES (PRESENCIA DEL VECTOR).

SX EN CERDOS:

ESPASMOS MUSCULARES, MANÍAS EN LA REGIÓN NASAL, POSTRACIÓN, MOVIMIENTOS DE MASTICACIÓN RÁPIDA, SALIVACIÓN EXCESIVA, ESPASMOS CLÓNICOS GENERALIZADOS.

• NO HAY FIEBRE Y A VECES NO PUEDEN EMITIR CHILLIDOS.

• FORMA PARALÍTICA: 5-6 DÍAS

• FORMA FURIOSA (RARA VEZ): MORDER OBJETOS EN MOVIMIENTO.

DIAGNÓSTICO:

• HISTORIA CLÍNICA.
• SIGNOS CLÍNICOS Y PRESENCIA DEL VECTOR.
• HALLAZGOS EN NECROPSIA.
• PRUEBAS DE DIAGNÓSTICO.

SX DIFERENCIALES:

• FIEBRE PORCINA CLÁSICA.
• PSEUDORRABIA.
• ENFERMEDAD DEL OJO AZUL.
• PESTE PORCINA AFRICANA.
• ENFERMEDAD DE TESCHEN.

TRATAMIENTO:

• AISLAR CUALQUIER ANIMAL SOSPECHOSO Y MANEJARLO LO MENOS POSIBLE.
• RÁPIDA DESINFECCIÓN DE LA HERIDA DURANTE UN MÍNIMO DE 15 MINUTOS CON AGUA Y JABÓN, DETERGENTE, POVIDONA YODADA U OTRAS SUSTANCIAS QUE MATEN AL VIRUS DE LA RABIA.
• INYECCIÓN DE SUERO ANTIRRÁBICO HIPERINMUNE ALREDEDOR DEL LUGAR DE LA LESIÓN
• VACUNA POSTEXPOSICIÓN (10 DOSIS)
• ES IMPROBABLE LA EFECTIVIDAD DEL TRATAMIENTO

PREVENCIÓN:

• VACUNA INACTIVADA:

CEPA FLURY-LEP

• VACUNA VIRUS VIVO MODIFICADO
CEPA ROXANE
CEPA ACATLÁN V-319

ESTÁ CONSTITUIDO POR AQUELLAS ENFERMEDADES QUE SE ENCUENTRAN PRESENTES EN TERRITORIO NACIONAL CONSIDERADAS COMO ENZOÓTICAS PERO QUE REPRESENTAN UN MENOR RIESGO DESDE EL PUNTO DE VISTA EPIDEMIOLÓGICO, ECONÓMICO, DE SALUD PÚBLICA Y DE COMERCIO NACIONAL E INTERNACIONAL SON DE NOTIFICACIÓN MENSUAL OBLIGATORIA A LAS AUTORIDADES COMPETENTES DE SANIDAD ANIMAL DEL PAÍS, SIENDO LAS SIGUIENTES:

ACTINOBACILOSIS (ACTINOBACILLUS SUIS)

LA ACTINOBACILOSIS ESTÁ CAUSADA POR UNA BACTERIA SISTÉMICA QUE AFECTA A MUCHAS GRANJAS DE SANIDAD ELEVADA CAUSANDO ARTRITIS, NEUMONÍA, O DECOLORACIÓN DE LA PIEL EN ANIMALES DE TODAS LAS EDADES.

NOMBRES ALTERNATIVOS: ACTINOBACILLUS SUIS, ACTINOBACILLUS EQUULI ESTÁ CAUSADO PRINCIPALMENTE POR LA BACTERIA ACTINOBACILLUS SUIS Y EN RARA OCASIONES ACTINOBACILLUS EQUULI.

LA PRIMERA DE ELLAS SE ENCUENTRA PRESENTE EN LA MAYORÍA DE GRANJAS Y VIVE EN LAS TONSILAS DE LOS CERDOS DE MAYOR EDAD, SOBRE TODO EN LAS CERDAS.

SÍNTOMAS

- DECOLORACIÓN DE LA PIEL.
- ABORTOS.
- NEUMONÍA.
- SEPTICEMIA.

LECHONES LACTANTES

- MUERTE SÚBITA.
- FIEBRE ALTA.
- NEUMONÍA.
- DECOLORACIÓN DE LA PIEL.
- LESIONES EN LA PIEL (NO DEBE CONFUNDIRSE CON ERISIPELAS).
- ARTRITIS.
- COJERAS.
- SEPTICEMIA.

CAUSAS / FACTORES QUE CONTRIBUYEN

- PUEDE SER DESENCADENADO POR PRRS.

- PUEDE INFECTAR AL LECHÓN A TRAVÉS DEL SISTEMA RESPIRATORIO O A TRAVÉS DE CORTES O ABRASIONES.

- OCASIONALMENTE SE MULTIPLICA EN SANGRE Y SE ACANTONA EN VARIAS PARTES DEL CUERPO, SOBRETODOEN PULMONES Y ARTICULACIONES, DONDE PRODUCE PEQUEÑOS ABSCESOS MÚLTIPLES.

DIAGNÓSTICO EXÁMENES LABORATORIALES Y POST-MORTEM PARA DEMOSTRAR LAS LESIONES CARACTERÍSTICAS Y LA PRESENCIA DEL ORGANISMO.

CONTROL/PREVENCIÓN

↳ EL ORGANISMO ES SENSIBLE A LA MAYORÍA DE ANTIBIÓTICOS, PERO SOBRE TODO A LA AMOXICICLINA O AMPICILINA.
↳ EN BROTES PERSISTENTES, CUANDO ES POSIBLE PREDECIR SU APARICIÓN, SE DEBEN TOMAR MEDIDAS PREVENTIVAS COMO INYECTAR ANTIBIÓTICOS DE LARGA DURACIÓN A TODAS LAS CAMADAS O REALIZAR MEDIACIÓN EN AGUA.

↳ EN CASOS PROBLEMÁTICOS SE HA DEMOSTRADO LA EFICACIA DE ADMINISTRAR PENICILINA VÍA PIENSO A LAS CERDAS DURANTE LAS PRIMERAS 3 SEMANAS DESPUÉS DEL PARTO.

ACTINOMICOSIS (ACTINOMYCES SUIS)

LA ACTINOMICOSIS MAMARIA O LOS NÓDULOS EN LOS PEZONES DE LAS CERDAS, ES UNA DE LAS MAYORES CAUSAS DE PÉRDIDA DE CERDAS DEL PLANTEL, CUYO AGENTE PATÓGENO ES EL ACTINOMYCES SUIS.

EN LA MAYORÍA DE LOS CASOS HAY OTRAS BACTERIAS PURULENTAS.

LA ACTINOMICOSIS PUEDE APARECER TAMBIÉN EN OTROS LUGARES, POR EJEMPLO, EN LA GARGANTA, NO OBSTANTECONMENOS FRECUENCIA QUE LA ACTINOMICOSIS DE MAMA.

LOS AGENTES PATÓGENOS DE LA ACTINOMICOSIS DE MAMA NO PUEDEN PENETRAR EN LA MAMA INTACTA, SINO SÓLO A TRAVÉS DE PEQUEÑAS HERIDAS CAUSADAS POR EL ENTORNO Y LOS MORDISCOS DE LOS LECHONES LACTANTES.
CONTAGIO:

LA ACTINOMICOSIS MAMARIA ES UNA ENFERMEDAD CRÓNICA NODULOSA QUE PERSISTE DURANTE SEMANAS O MESES, QUE A VECES VA ACOMPAÑADA DE NEOPLASIA O TUMORES DE TEJIDO CONJUNTIVO, FORMACIÓN DE PUS Y DE FÍSTULAS AISLADAS.

AL PRINCIPIO DE LA ENFERMEDAD SONVISIBLES ALTERACIONES DE LA PIEL AGRUPADAS O QUE POCO APOCO VAN CRECIENDO.

LOS FOCOS DE PUS, SITUADOS MUY AL INTERIOR, SE VAN VACIANDO A TRAVÉS DE CANALES FISTULARES QUE TOMAN EL ASPECTO DE VEGETACIONES EN SUS EXTREMOS TERMINALES.

LAS PROLIFERACIONES DE TEJIDO PUEDEN APLANARSE PROPORCIONALMENTE, PERO TAMBIÉN PUEDEN ADQUIRIR FORMA DE TUMORACIÓN.

EL PUS EXPULSADO POR LOS CANALES FISTULARES ES MUY CONTAGIOSO Y PUEDE LLEVAR A PROBLEMAS CONSIDERABLES ESPECIALMENTE EN GRUPOS Y CERDAS MEZCLADAS CON EL RESTO DEL EFECTIVO.

SÍNTOMAS:

LA ACTINOMICOSIS MAMARIA NO PARECE SER PARTICULARMENTE DOLOROSA, PORQUE EN LAS CERDAS LACTANTES, LOS LECHONES SOMETEN A MASAJEAR LOS PEZONES AFECTADOS SIN QUE LAS CERDAS REACCIONEN CON MUESTRA DE DOLOR.

LA ACTINOMICOSIS DE MAMA PUEDE CONFUNDIRSE CON ABSCESOS DE MAMA.

EN RARAS OCASIONES APARECEN LOS AGENTES PATÓGENOS DE ESTA ENFERMEDAD COMO UNA INTOXICACIÓN DE LA SANGRE EN TODO EL CUERPO.

DEBIDO A LA FALTA DE MUESTRA DE DOLOR, SE SUELE IDENTIFICA POR EL CRECIMIENTO EN LA PIEL (POR EL PUS) Y LA FORMA DE TUMORACIÓN.

TRATAMIENTO:

EL ÉXITO DE UN TRATAMIENTO DEPENDE FRECUENTEMENTE DEL RIEGO SANGUÍNEO DEL TEJIDO AFECTADO.

SE PUEDE FÁCILMENTE IMAGINAR QUE LOS MEDICAMENTOS NO TIENEN NINGUNA EFICACIA CUANDO NO PUEDEN SER TRANSPORTADOS HASTA EL LUGAR DE ACCIÓN.

POR ESTA RAZÓN SE DAN SIEMPRE INYECCIONES EN EL TUMOR. EL ÉXITO DE ESTE TRATAMIENTO DE INYECCIONES ES MUY DOLOROSO POR LAS RAZONES DESCRITAS.

SE CUENTAN MEJORES RESULTADOS CON UN MEDICAMENTO DE 2 A 3 VECES POR SEMANA EN EL ALIMENTO.

ES POSIBLE EXTIRPAR QUIRÚRGICAMENTE GRANDES Y EXTENSAS TUMORACIONES, SALDRÁ A CUENTA CUANDO SE TRATA DE CERDAS VALIOSAS.

LAS OTRAS CERDAS QUE NO PUEDAN SER TRATADAS CON QUIMIOTERAPIA SE MANDARÁN AL MATADERO PARA SU APROVECHAMIENTO.

CISTICERCOSIS (TAENIA SOLIUM Y T. SAGINATA)

LA CISTICERCOSIS ES UNA PARÁSITOSIS DE HUMANOS Y CERDOS CAUSADA POR EL TAENIA SOLIUM, EL CUAL PRESENTA EL ESCÓLEX DEL PARÁSITO ADULTO INVAGINADO EN UNA VESÍCULA.

LA INFECCIÓN SE ADQUIERE AL INGERIR HUEVOS O PROGLÓTIDOS GRÁVIDOS DEL CESTODO, ELIMINADOS CON LAS HECES FECALES DEL HUMANO INFECTADO CON TAENIA SOLIUM, EL HOSPEDERO DEFINITIVO Y PRINCIPAL FACTOR DE RIESGO.

LAS ONCOSFERAS SE LIBERAN EN INTESTINO DELGADO, INVADEN LA PARED INTESTINAL Y MIGRAN A MÚSCULO ESTRIADO, SNC, OJOS, TEJIDO GRASO SUBCUTÁNEO Y CORAZÓN, Y OTROS TEJIDOS, EN DONDE SE DESARROLLAN LOS CISTICERCOS, PRODUCIENDO DIVERSAS PATOLOGÍAS.

LA INVASIÓN A SISTEMA NERVIOSO CENTRAL (SNC) DA LUGAR A LA NEUROCISTICERCOSIS (NC), UN PROBLEMA DE SALUD PÚBLICA EN PAÍSES EN DESARROLLO, CAUSANTE DE IMPORTANTE MORBILIDAD Y MORTALIDAD EN REGIONES ENDÉMICAS DE LATINOAMÉRICA, ASIA Y ÁFRICA.

LOS HUEVOS DE TAENIA SOLIUM MIDEN UNOS 30 µM, ESTÁN CUBIERTOS POR LA MEMBRANA DE LA ONCOSFERAY EL EMBRIÓFORO, LO QUE LES CONFIERE GRAN RESISTENCIA. SON LA FORMA INFECTIVA EN LA CISTICERCOSIS.

LOS CISTICERCOS SEUBICAN CONMAYOR FRECUENCIA EN OJOS, SISTEMA NERVIOSO CENTRAL, TEJIDO SUBCUTÁNEO Y MÚSCULO ESQUELÉTICO.

SE CONTEMPLAN DOS FORMAS DE CISTICERCOS, CELULOSO Y RACEMOSO.

LA TENIA ADULTA, CESTODO HERMAFRODITA, SEGMENTADO, SE ADHIERE A INTESTINO DELGADO MEDIANTE UNA DOBLE CORONA DE GANCHOS Y 4 VENTOSAS PRESENTES EN EL ESCÓLEX; A PARTIR DEL CUELLO DE ÉSTE SE FORMAN PROGLÓTIDOS INMADUROS, MADUROS.

UNA TENIA PUEDELLEGAR A MEDIR DE2 - 7 M DE LONGITUD, Y RESIDIR EN INTESTINO DURANTE AÑOS. ALGUNAS INFECCIONES SON ASINTOMÁTICAS.

LOS CISTICERCOS EN MÚSCULOS Y TEJIDO SUBCUTÁNEO CON FRECUENCIA PASAN DESAPERCIBIDOS; EN ALGUNOS CASOS SE PRODUCE SEUDOHIPERTROFIA MUSCULAR CUANDO SU NÚMERO ES IMPORTANTE. EL DIAGNÓSTICO SE REALIZA MEDIANTE BIOPSIA.
OTRAS MANIFESTACIONES: AFECCIÓN DE PARES CRANEALES, IRRITACIÓN MENÍNGEA, PARESIAS, PARAPLEJIAS, PARESTESIAS, MOVIMIENTOS INVOLUNTARIOS, ISQUEMIA CEREBROVASCULAR, DIPLOPIA - RESULTADO DE LA HIPERTENSIÓN INTRACRANEAL O ARACNOIDITIS (COMPRESIÓN DE NERVIOS III, IV Ó VI), ALTERACIONES ENDOCRINAS (EN LA SILLA TURCA), ENCEFALITIS, MENINGITIS, ARACNOIDITIS, EPENDIDIMITIS.

TRATAMIENTO:

SE CONSIDERAN LOS ANTIPARASITARIOS ALBENDAZOL Y PRAZICUANTEL. SIN EMBARGO, EL MANEJO INTEGRAL REQUIERE DE CUIDADOSA EVALUACIÓN DE CADA PACIENTE, DEBIDO AL RIESGO POTENCIAL DE EFECTOS SECUNDARIOS SEVEROS (RAMOS. 2012; GUINTO. 2012).

LA NECESIDAD DE FÁRMACOS ANTIINFLAMATORIOS Y ANALGÉSICOS DEBE ESTIMARSE EN CADA SITUACIÓN.

EXISTEN CASOS EN LOS QUE EL RETIRO DE LOS CORTICOESTEROIDES HA DESENCADENADO EDEMA PERILESIONAL.

NO EXISTE UN CONSENSO EN RELACIÓN A LAS ESTRATEGIAS DE TRATAMIENTO ÓPTIMAS EN CASOS DE NEUROCISTICERCOSIS INTRAVENTRICULAR.

SE RECURRE A:

TRATAMIENTO ANTIHELMÍNTICO, MICROCIRUGÍA, DERIVACIÓN VENTRÍCULO-PERITONEAL, DRENAJE VENTRICULAR EXTERNO, VENTRICULOSTOMÍA ENDOSCÓPICA

CLOSTRIDIOSIS (CLOSTRIDIUM SPP)

LAS CLOSTRIDIOSIS CONSTITUYEN UN GRUPO DE ENFERMEDADES CAUSADAS POREL ATAQUE DE BACTERIAS DEL GÉNERO CLOSTRIDIUM Y PORSUS TOXINAS, RAZÓN POR LA CUAL RECIBEN EL NOMBRE DE TOXIINFECCIONES.

USUALMENTE FORMAN PARTE DE LA FLORA NORMAL DEL INTESTINO Y SU POBLACIÓN ES CONTROLADA, BAJO CONDICIONES NORMALES, POR EL RESTO DE LA FLORA INTESTINAL. DEBIDO A QUE LAS CLOSTRIDIOSIS SON ENFERMEDADES INFECCIOSAS PERO NO CONTAGIOSAS, SU MANIFESTACIÓN DEPENDERÁ DE FACTORES DESENCADENANTES PARA QUE LOS ANIMALES SE ENFERMEN.

PARA ELLO SE NECESITA QUE SE ROMPA EL EQUILIBRIO TISULAR, ES DECIR QUE OCURRA UN TRAUMATISMO MUSCULAR (UNA HERIDA, UN GOLPE, UN ACTO QUIRÚRGICO) QUE OCASIONE UNA DEFICIENCIA EN LA CIRCULACIÓN DE LA SANGRE QUE PERMITA OBTENER LAS CONDICIONES DE ANAEROBIOSIS (FALTA DE OXÍGENO) NECESARIAS PARA QUE LAS BACTERIAS SE REPRODUZCAN ACTIVAMENTE Y SECRETEN SUSTANCIAS VENENOSAS PODEROSAS DENOMINADAS TOXINAS, CAUSANTES DE VARIAS DE LAS ENFERMEDADES.

ESTA ENFERMEDAD SE CARACTERIZAN POR UN CURSO RÁPIDO, ALCANZANDO EL ANIMAL LA MUERTE, ALGUNAS VECES, SIN HABER MOSTRADO SIGNO ALGUNO (SÍNDROME DE MUERTE SÚBITA).

LAS ENFERMEDADES CLOSTRIDIALES PUEDEN SER AGRUPADAS PARA SU ESTUDIO SEGÚN SU FORMA DE PRESENTACIÓN Y ASÍ FACILITAR SU IDENTIFICACIÓN A NIVEL DE CAMPO, ESPECIALMENTE EN BROTES DONDE EL DENOMINADOR COMÚN ES LA MUERTE SÚBITA O QUE SOBREVIENE ENTRE 6-12 HORAS DE HABERSE INICIADO LA ENFERMEDAD. FORMA SÚBITA.

EL SÍNDROME DE MUERTE SÚBITA SE DEBE A UN ESTADO HIPERAGUDO DE TOXEMIA CAUSADO POR LAS TOXINAS DE LOS CLOSTRIDIOS.

ESTAS SE PRODUCEN EN ESTRUCTURAS DIFERENTES (TUBO DIGESTIVO, MÚSCULO, ENTRE OTRAS), DESDEDONDEPASAN A CIRCULACIÓN SANGUÍNEA PARA CAUSAR TOXEMIA.

COMÚNMENTE NO OCURREN SIGNOS, SALVO LA MUERTE SÚBITA (EVOLUCIÓN DE1Ó2 HORAS) EN ANIMALES SANOS EN APARIENCIA.

EN LOS MUERTOS ES POSIBLE ENCONTRAR HEMORRAGIA Y EDEMA DE LAS MASAS MUSCULARES, CONGESTIÓN DE LA TRÁQUEA, PEQUEÑAS HEMORRAGIAS EN CORAZÓN Y EXUDADOS Y HEMORRAGIAS EN LOS ÓRGANOS DIGESTIVOS.

FORMA MUSCULAR.

CONOCIDA EN TÉRMINOS MÉDICOS COMO MIONECRÓTICA, COMPRENDE DOS ENFERMEDADES COMUNES EL CARBÓN SINTOMÁTICO Y EL EDEMA MALIGNO, AMBAS CARACTERIZADAS POR UN CUADRO FEBRIL, TOXEMIA SEVERA, DAÑO EN LAS ÁREAS DE GRANDES MASAS MUSCULARES Y/O MUERTE SÚBITA.

FORMA NERVIOSA.

LA FORMA NERVIOSA O NEUROTÓXICA ESTA REPRESENTADA POR DOS ENFERMEDADES: EL TÉTANOS Y EL BOTULISMO.

FORMA DIGESTIVA.

ESTA FORMA COMPRENDE TRES ENFERMEDADES: LA ENTEROTOXEMIA POR CL. PERFRINGENS TIPO D, EL SÍNDROME HEMORRÁGICO DEL YEYUNO POR CL. PERFRINGENS TIPO A, Y HEMOGLOBINURIA BACILAR OCASIONADA PORCL. NOVYI TIPO D.

LAS DOS PRIMERAS ENFERMEDADES GENERALMENTE OCURREN POR LA SOBRE ALIMENTACIÓN A QUE SON SOMETIDOS LOS ANIMALES EN CEBA CONFINADA, LO CUAL PROVOCA UNA EXACERBACIÓN DEL CLOSTRIDIO EN EL TUBO DIGESTIVO DEL ANIMAL.

ERISIPELA (ERYSIPELOTHRIX RHUSIOPATHIAE)

LA ERISIPELA ES UNA ENFERMEDAD BACTERIANA SISTÉMICA QUE SE CARACTERIZA POR LESIONES DE PIEL EN FORMA DE DIAMANTES Y EN SU FORMA CRÓNICA CAUSA ARTRITIS.

NOMBRES ALTERNATIVOS:

MAL ROJO ES UNA ENFERMEDAD FRECUENTE CAUSADA POR UNA BACTERIA LLAMADA ERYSIPELOTHRIX RHUSIOPATHIAE QUE SE ENCUENTRA EN LA MAYORÍA DE LAS GRANJAS.

SE ESTIMA QUE HASTA EL 20% DE LOS ANIMALES SANOS SON PORTADORES DELORGANISMO EN LAS TONSILAS, SONELIMINADOS PORLAS HECES O LA SALIVA, Y DE ESTAMANERA SEPERPETÚA UN BAJO NIVEL DE INFECCIÓN EN EL AMBIENTE.

TAMBIÉN SE ENCUENTRA EN OTRAS MUCHAS ESPECIES, INCLUYENDO PÁJAROS Y OVEJAS Y PUEDE SOBREVIVIR FUERA DEL CERDO DURANTE UNAS POCAS SEMANAS Y MÁS EN EL CASO DE SUELOS ARENOSOS.

LAS HECES INFECTADAS SON PROBABLEMENTE LA PRINCIPAL FUENTE DE INFECCIÓN, SOBRE TODO EN CERDOS DE CRECIMIENTO Y ACABADO.

LA ENFERMEDAD ES RELATIVAMENTE POCO COMÚN EN CERDOS DE MENOS DE 8- 12 SEMANAS DE EDAD DEBIDO A LA PROTECCIÓN QUE PROPORCIONAN LOS ANTICUERPOS MATERNALES A TRAVÉS DEL CALOSTRO.

LOS ANIMALES MÁS SUSCEPTIBLES SON LOS CERDOS EN CRECIMIENTO, PRIMERIZAS, Y CERDAS NO VACUNADAS.

ESTA BACTERIA POR SÍ SOLA PUEDE CAUSAR ENFERMEDAD PERO INFECCIONES VIRALES CONCURRENTES, COMO EL PRRS O LA GRIPE, PUEDEN DESENCADENAR BROTES.

LA BACTERIA INVADE EL TORRENTE SANGUÍNEO POR VARIAS RUTAS INCLUYENDO CORTES EN LA PIEL O A TRAVÉS DE LA PARED DEL TRACTO DIGESTIVO Y SE PRODUCE SEPTICEMIA.

EL PERIODO DE INCUBACIÓN ES DE 24- 48 HORAS.

CON FRECUENCIA SE DAN CASOS ESPORÁDICOS EN CERDOS, PERO SI UNA CERDA SE INFECTA LA EXPOSICIÓN DEL RESTO DE LOS ANIMALES DEL GRUPO A SU ORINA Y HECES ES ALTA Y ES ACONSEJABLE INYECTAR A TODOS LOS ANIMALES QUE ESTÉN EN CONTACTO CON PENICILINA.

DISENTIRÍA (BRACHYSPIRA HYODYSENTERIAE)

LA DISENTERÍA PORCINA ES UNA GRAVE ENFERMEDAD A NIVEL MUNDIAL SIENDO UNA DE LAS ENFERMEDADES MÁS GRAVES, YA QUE PUEDE AFECTAR UNA GRANJA COMPLETA, POR SER

ENDÉMICO, OCASIONANDO GRANDES PÉRDIDAS A CORTO Y LARGO PLAZO, EN LAS GRANJAS.

LA TRASMISIÓN DE LA DISENTIRÍA:

ES POR VÍA FECAL-ORAL, POR EL AGUA CONTAMINADA, POR LOS ALIMENTOS TAMBIÉN CONTAMINADOS. AL HOZAR SOBRE EL CORRAL O LOS SUELOS CONTAMINADOS DE HECES.

LOS CERDOS INFECTADOS DEFECAN ESPIROQUETAS Y CONTAMINAN LOS SUELOS DE LAS GRANJAS.

ESTE ORGANISMO CAUSA UNA GRAVE INFLAMACIÓN DEL INTESTINO GRUESO CON DIARREA SANGUINOLENTA Y MUCOSA.

BRACHYSPIRA PUEDE SOBREVIVIR FUERA DEL CERDO EN HECES HASTA 112 DÍAS PERO MUERE EN DOS DÍAS EN AMBIENTES SECOS Y CALUROSOS. PUEDE TRANSMITIRSE POR AVES, MOSCAS, FÓMITES, Y RATONES.

LOS LECHONES LACTANTES PUEDEN SUFRIR DISENTIRÍA AGUDA.

SINTOMATOLOGÍA:

- DIARREA DE COLOR GRISÁCEO, QUE VA EVOLUCIONANDO A HECES ACUOSAS CON MOCO Y SANGRE SIN DIGERIR (MUCO-HEMORRÁGICA).

- DESHIDRATACIÓN.

- PÉRDIDA DEL APETITO.

- ASPECTO FLACO CON OJOS HUNDIDOS.

ES IMPORTANTE EL DIAGNOSTICO POR MEDIO DE UN EXAMEN DEL LABORATORIO PARA PODER SUMINISTRAR EL TRATAMIENTO ADECUADO, Y PODER PLANTEAR PLANES DE PREVENCIÓN Y CONTROL DE LA ENFERMEDAD.

CON LOS RESULTADOS DEL LABORATORIO Y CON EL DIAGNOSTICO EL VETERINARIO DISEÑARA LAS ESTRATEGIAS A SEGUIR PARA EL CONTROL INMUNOPROFILÁCTICO Y CON EL ESTUDIO DE LAS DISTINTAS CEPAS DISPONIBLES RECETARA LA VACUNA PARA HACERLE FRENTE A LA DISENTERÍA.

CONTROL/PREVENCIÓN:

- CONTROL DE ROEDORES Y FAUNA SALVAJE.
- MANEJO TODO DENTRO/TODO FUERA.
- LIMPIEZA Y DESINFECCIÓN COMPLETAS EN LAS SALAS.
- NO MEZCLAR CERDOS.
- SE PUEDEN UTILIZAR ANTIBIÓTICOS PARA SU CONTROL PERO REQUIERE PERIODOS LARGOS Y PUEDE SER BASTANTE CARO.
  - DESPOBLAR Y VOLVER A LLENAR LAS GRANJAS INFECTADAS.
  - TODOS LOS ANIMALES DE REPOSICIÓN DEBEN PROCEDER DE UN PROVEEDOR NEGATIVO A DISENTERÍA.

- EN ALGUNAS ZONAS HAY VACUNAS DISPONIBLES QUE PUEDEN SER ÚTILES (SEROTIPO -ESPECÍFICA.

Disentería

SÍNTOMAS VERRACOS:

TEMPERATURAS ALTAS Y PUEDE AFECTAR AL ESPERMA DURANTE TODO EL PERIODO DE DESARROLLO DE 5-6 SEMANAS.

LA INFERTILIDAD SE PRESENTA COMO REPETICIONES, CERDAS VACÍAS Y CAMADAS DE POCO TAMAÑO.

CERDAS ENFERMEDAD PER-AGUDA O AGUDA:

- MUERTE - INFECCIÓN GENERALIZADA.
- TEMPERATURA ALTA.
- PUEDEN PARECER NORMALES.
- PUEDE CAUSAR ABORTOS.
- LECHONES MOMIFICADOS.
- LESIONES CUTÁNEAS CARACTERÍSTICAS PARECIDAS A ERUPCIONES DE UNOS 10 A 50 MM EN FORMA DE DIAMANTES POR TODO EL CUERPO QUE PUEDEN PASAR DE ROJAS A NEGRAS.
- NO QUIEREN LEVANTARSE Y ESTÁN RÍGIDOS INDICANDO INFECCIÓN DE LAS ARTICULACIONES.
- LA MUERTE SÚBITA ES FRECUENTE DEBIDO A UNA SEPTICEMIA AGUDA O A FALLO CARDÍACO.

ENFERMEDAD SUB-AGUDA:

- INAPETENCIA.
- INFERTILIDAD.
- LESIONES EN LA PIEL CARACTERÍSTICAS.
- LA TEMPERATURA VARIA.
- LA ENFERMEDAD PUEDE SER TAN LEVE QUE NO SE DETECTA. - ALGUNOS LECHONES MUEREN EN EL ÚTERO DESPUÉS DEUNA INFECCIÓN SUB AGUDA Y APARECEN COMO MOMIFICADOS.

⌐ PUEDE O NO PRESENTARSE DESPUÉS DE LA FORMA AGUDA,

   O SUB-AGUDA.
⌐ AFECTA A LAS ARTICULACIONES PRODUCIENDO COJERAS O
   ARTRITIS CRÓNICAS E INFLAMACIONES QUE PUEDEN SER
LAS RESPONSABLES DECOMISOS EN EL MATADERO.

CAUSAS / FACTORES QUE CONTRIBUYEN

⌐ MOVIMIENTO DE CERDOS QUE IMPLIQUE MEZCLA DE
   ANIMALES Y ESTRÉS.
⌐ CLIMAS CÁLIDOS EN VERANO CON ALTA HUMEDAD.
⌐ CORRALES HÚMEDOS Y SUCIOS.
⌐ SISTEMAS DE ALIMENTACIÓN LÍQUIDA, SOBRETODO SI SE
   USAN PRODUCTOS DERIVADOS DE LA LECHE QUE PUEDEN
   SER UNA FUENTE IMPORTANTE DE INFECCIÓN PUESTO QUE
   EL ORGANISMO SE MULTIPLICA EN ELLOS.
⌐ NAVES CONTINUAMENTE HABITADAS QUE NO SIGUEN UN
   SISTEMA TODO DENTRO/ TODO FUERA NI SE DESINFECTAN.
⌐ PUEDE QUE LOS SISTEMAS DE SUMINISTRO DE AGUA SE
   HAYAN CONTAMINADO CON EL ORGANISMO.
⌐ INFECCIONES VIRALES, PARTICULARMENTE SÍNDROME
   REPRODUCTIVO Y RESPIRATORIO PORCINO Y GRIPE.
⌐ COMÚN EN SISTEMAS QUE USAN CAMAS DE PAJA.
DIAGNÓSTICO SE BASA EN LOS SIGNOS CLÍNICOS Y EN EL
AISLAMIENTO DEL ORGANISMO EL CUAL CRECE FÁCILMENTE
EN EL LABORATORIO.

LA SEROLOGÍA SOLO INDICARÁ EXPOSICIÓN AL ORGANISMO Y
NO NECESARIAMENTE ENFERMEDAD.

CONTROL/ PREVENCIÓN

- EL ORGANISMO CAUSANTE DEL MAL ROJO ES MUY SENSIBLE A LA PENICILINA.
- EN GENERAL ES SUFICIENTE CON UNA SOLA INYECCIÓN DE UN FÁRMACO DE ACCIÓN PROLONGADA, PERO EN CASOS GRAVES PUEDE SER NECESARIO REPETIR A LOS 2-3 DÍAS.

- SI ESTÁN AFECTADOS UN GRAN NÚMERO DE ANIMALES, UTILIZAR AMOXICILINA O PENICILINA EN EL AGUA DE BEBIDA.
- EN BROTES PROLONGADOS LA MEDICACIÓN SE DA EN EL PIENSO COMO LA PENICILINA.
- EN BROTES INDIVIDUALES EN CERDOS EN ACABADO LOS CORRALES DEBEN LIMPIARSE Y DESINFECTARSE ENTRE LOTES.
- EN EL CASO DE BROTES CONTINUOS EN CERDOS EN CRECIMIENTO PUEDE SER NECESARIO VACUNAR A LOS CERDOS A LAS 8 SEMANAS Y POSIBLEMENTE DE NUEVO A LAS 10-12 SEMANAS DE EDAD.

NORMALMENTE, NO SE VACUNA A LOS CERDOS ANTES DE LAS 8 SEMANAS PORQUE LOS ANTICUERPOS CALOSTRALES REDUCEN LA RESPUESTA A LA VACUNACIÓN.

- VACUNACIÓN DE HEMBRAS DE REEMPLAZO.
- VACUNACIÓN ANUAL DE HATO REPRODUCTOR INCLUYENDO VERRACOS.

GASTROENTERITIS TRANSMISIBLE PORCINA (CORONAVIRUS):

  LA GASTROENTERITIS TRANSMISIBLE ES UNA ENFERMEDAD CON GRAVES CONSECUENCIAS ESPECIALMENTE EN LA REPRODUCCIÓN, DONDE LA DIARREA CAUSA UNA MORTALIDAD CERCANA AL 100 % DE LOS LECHONES MENORES DE 2 SEMANAS DE EDAD.

NOMBRES ALTERNATIVOS:

GET LA GASTROENTERITIS TRANSMISIBLE ES UNA ENFERMEDAD MUY IMPORTANTE Y ALTAMENTE INFECTIVA EN CERDOS CAUSADA POR UN CORONAVIRUS.

SU PRESENTACIÓN CLÍNICA ES IDÉNTICA A LA DIARREA EPIDÉMICA PORCINA; OTRO CORONAVIRUS.

EL VIRUS PUEDE SOBREVIVIR DURANTE MUCHO TIEMPO FUERA DE LOS CERDOS EN CONDICIONES DE FRÍO.

ES SUSCEPTIBLE A DESINFECTANTES SOBRETODO LOS QUE TIENEN UNA BASEYODADA, AMONIO CUATERNARIO Y COMPUESTOS DEPERÓXIDO.

LA ENFERMEDAD PERSISTE EN LAS PARIDERAS DURANTE 3 - 4 SEMANAS HASTA QUE LAS CERDAS HAN DESARROLLADO SUFICIENTE INMUNIDAD PARA PROTEGER A LOS LECHONES. LA PRESENTACIÓN CLÍNICA EN ANIMALES SUSCEPTIBLES ES DE DIARREA CON VÓMITO.

LA GASTROENTERITIS TRANSMISIBLE PUEDE ACABAR SIENDO ENDÉMICA (FORMA LEVE) A NIVEL DE GRANJA PRESENTANDO ENTONCES UNA ALTA MORBILIDAD PERO BAJA MORTALIDAD.

SÍNTOMAS DE LOS CERDOS

- EN BROTES AGUDOS LA CARACTERÍSTICA MÁS IMPORTANTE ES LA RAPIDEZ CON QUE SE CONTAGIA.
- VÓMITOS.
- DIARREA.
- LOS ANIMALES ADULTOS MUESTRAN GRADOS VARIABLES DE
  INAPETENCIA Y NORMALMENTE SE RECUPERAN EN 5- 7 DÍAS.
  LECHONES LACTANTES
- DIARREA ACUOSA AGUDA.
- NO HAY REPUESTA A TRATAMIENTO CON ANTIBIÓTICOS.
- LA CARACTERÍSTICA MÁS IMPORTANTE ES LA APARIENCIA MOJADA Y SUCIA DE TODA LA CAMADA DEBIDO A LA DIARREA PROFUSA.

CAUSAS / FACTORES QUE CONTRIBUYEN

- EL VIRUS ES EXCRETADO EN GRANDES CANTIDADES A TRAVÉS DE LAS HECES.
- LAS HECES DE CERDO SON POR LO TANTO LA MAYOR FUENTE

  DE CONTAGIO YA SEA DIRECTAMENTE A TRAVÉS DE CERDOS

  COMPRADOS PORTADORES O INDIRECTAMENTE POR TRANSMISIÓN MECÁNICA.
- CORRALES CON SUELOS EN MAL ESTADO.
- MALA HIGIENE DE LOS CORRALES ASOCIADO CON MAL DRENAJE.
- CONTAMINACIÓN AMBIENTAL QUE PASA DE UN CORRAL A OTRO POR EJEMPLO A TRAVÉS DE BOTAS, CEPILLOS, PALAS, ROPAS, ETC.

- TUBERÍAS DE PIENSO Y SILOS. ESTA ES UNA FUENTE DE MUCHO RIESGO PARA LA TRANSMISIÓN DE ENFERMEDADES ENTÉRICAS.
- LOS PERROS PUEDEN EXCRETAR EL VIRUS EN SUS HECES DURANTE 2 - 3 SEMANAS.
- LOS PÁJAROS, EN PARTICULAR LOS ESTORNINOS, PUEDEN TRANSMITIR LA ENFERMEDAD.
- PIENSO CONTAMINADO.
- EL USO CONTINUO DE LAS NAVES, SIN SISTEMAS TODO DENTRO/ TODO FUERA, PERPETÚA LA ENFERMEDAD.
- COMPRA CONTINUADA DE CERDOS DESTETADOS QUENO HAN TENIDO CONTACTO PREVIO CON EL VIRUS.

- LOS BROTES SON MÁS COMUNES EN INVIERNO CUANDO LAS TEMPERATURAS SON BAJO CERO PORQUE EL VIRUS SOBREVIVE MEJOR EN AMBIENTE FRÍO. EN RAROS CASOS, HAY BROTES DURANTE EL VERANO. CONTROL/PREVENCIÓN
- NO HAY UN TRATAMIENTO ESPECÍFICO PARA LA GASTROENTERITIS TRANSMISIBLE.
- HAY QUE PROPORCIONAR ELECTROLITOS Y FÁCIL ACCESO AL AGUA PARA PREVENIR LA DESHIDRATACIÓN Y UN ANTIBIÓTICO COMO POR EJEMPLO NEOMICINA.
- DEBE MEJORARSE EL CUIDADO Y EL AMBIENTE DE LA CAMADA, PROPORCIONAR MÁS CALOR Y UNA BUENA CAMA PARA REDUCIR EL PESO DE LA INFECCIÓN.
- AUNQUE EL USO DE VACUNAS AYUDA ALGO PARA MINIMIZAR LAS MORTALIDADES, NO SON MUY EFECTIVAS Y LA DURACIÓN DE INMUNIDAD ES MUY CORTA.
- LA BIOSEGURIDAD ES CRÍTICA ESPECIALMENTE DURANTE EL INVIERNO.

HIDATIDOSIS (ECHINOCOCCUS SPP)

LA HIDATIDOSIS-EQUINOCOCOSIS ES UNA ZOONOSIS CAUSADA POR CESTODOS DEL GÉNERO ECHINOCOCCUS.

EN EL CICLO BIOLÓGICO DEL ECHINOCOCCUS GRANULOSUS, EL CERDO PUEDE COMPORTARSE COMO HOSPEDADOR INTERMEDIARIO DESARROLLANDO LA FORMA LARVARIA O METACESTODE.

LAS DIFICULTADES PARA ACABAR CON ESTA ZOONOSIS SON MÚLTIPLES, JUNTO AL DESCONOCIMIENTO DE LOS FACTORES EPIDEMIOLÓGICOS DE LA ENFERMEDAD POR LA POBLACIÓN, ESTÁ EL DIAGNÓSTICO, YA QUE ES CASI SIEMPRE ASINTOMÁTICA Y EL ÚNICO TRATAMIENTO EFICAZ ES EL QUIRÚRGICO O EL FARMACOLÓGICO A LARGO PLAZO.

LA IMPORTANCIA DE LA HIDATIDOSIS ES ENORME DESDE EL PUNTO DE VISTA SANITARIO, POR EL SUFRIMIENTO QUE OCASIONA EN EL HOMBRE Y LAS ENORMES PÉRDIDAS QUE PRODUCE. LOS HUEVOS DE ECHINOCOCCUS SPP.

SON EXTRAORDINARIAMENTE RESISTENTES; AUNQUE SE HAN ANALIZADO VARIOS PRODUCTOS QUÍMICOS COMO OVICIDAS (NINGÚN FIJADOR NORMAL, COMO LA FORMALINA AL 4-10%, ES OVICIDA), EL CALOR ES EL ÚNICO MÉTODO EFICAZ PARA DESTRUIR LOS HUEVOS, YA SEA POR CALOR SECO O HÚMEDO O MEDIANTE LA INCINERACIÓN O FLAMEADO. A 60 ºC MUEREN EN 10 MINUTOS Y A 100 ºC INSTANTÁNEAMENTE.

INFLUENZA (INFLUENZAVIRUS A)

ES UNA ENFERMEDAD VÍRICA DE LOS PORCINOS, ALTAMENTE CONTAGIOSA.

POR LO GENERAL SE PROPAGA MUY RÁPIDAMENTE EN LAS UNIDADES DE CRÍA, AUNQUE TODOS LOS CERDOS INFECTADOS NO MUESTREN SIGNOS CLÍNICOS DE INFECCIÓN, Y VA SEGUIDA DE UNA RECUPERACIÓN TAMBIÉN MUY RÁPIDA.

LA ENFERMEDAD ES CAUSADA POR LOS VIRUS DE INFLUENZA DE TIPO A, QUE SE CARACTERIZAN EN VARIOS SUBTIPOS, SIENDO LOS MÁS COMUNES H1N1, H1N2 Y H3N2.

LAS TASAS DE MORBILIDAD PUEDEN ALCANZAR EL 100% EN EL CASO DE LAS INFECCIONES DE INFLUENZA PORCINA, MIENTRAS QUE LAS TASAS DE MORTALIDAD SON MÁS BIEN BAJAS.

SIN EMBARGO, LA PRINCIPAL REPERCUSIÓN EN LA ECONOMÍA ESTÁ RELACIONADA CON EL RETRASO EN EL AUMENTO DE PESO, YA QUE PARA ALCANZAR EL PESO DE COMERCIALIZACIÓN, SE REQUIERE UN MAYOR NÚMERO DE DÍAS.

LA INFLUENZA PORCINA ES COMÚN EN NORTEAMÉRICA Y SUDAMÉRICA, EUROPA Y PARTES DE ASIA. TAMBIÉN SE HA REGISTRADO EN ÁFRICA.

LOS VIRUS DE LA INFLUENZA PORCINA SE ENCUENTRAN PRINCIPALMENTE EN LOS CERDOS, PERO TAMBIÉN SE HAN DETECTADO EN OTRAS ESPECIES, COMO LOS HUMANOS, PAVOS Y PATOS.

DENTRO DE LAS 24 HORAS DE LA INFECCIÓN, LOS CERDOS INFECTADOS EMPIEZAN A EXPULSAR LOS VIRUS Y SUELEN DISEMINARLOS DURANTE UN PERIODO DE ENTRE 7 Y 10 DÍAS.

LA INFLUENZA PORCINA NO SE TRANSMITE POR LOS ALIMENTOS.

EL RIESGO DE CONTRAER LOS VIRUS POR EL CONSUMO DE CARNE DE CERDO U OTROS PRODUCTOS PORCINOS ES INSIGNIFICANTE.

LOS VIRUS DE LA INFLUENZA ESTÁN RESTRINGIDOS POR LO GENERAL AL TRACTO RESPIRATORIO DEL CERDO Y NO SE DETECTAN EN EL MÚSCULO (CARNE) DEL ANIMAL, NI SIQUIERA DURANTE EL PERIODO AGUDO.

SIGNOS:

LOS SIGNOS CLÍNICOS SUELEN APARECER ENTRE 1 Y 3 DÍAS DESPUÉS DEL CONTAGIO, Y LA MAYOR PARTE DE ANIMALES SE RECUPERA ENTRE 3 Y 7 DÍAS DESPUÉS SI NO HAY INFECCIONES SECUNDARIAS U OTRAS COMPLICACIONES.

LA INFLUENZA PORCINA ES UNA ENFERMEDAD AGUDA DEL APARATO RESPIRATORIO SUPERIOR CARACTERIZADA POR FIEBRE, LETARGIA, ANOREXIA, PÉRDIDA DE PESO Y DIFICULTAD PARA RESPIRAR. SE OBSERVA COMÚNMENTE TOS, ESTORNUDO Y DESCARGA NASAL; EN CAMBIO, LA CONJUNTIVITIS ES UN SIGNO CLÍNICO MENOS COMÚN; TAMBIÉN PUEDE PRODUCIR ABORTOS.

ALGUNAS CEPAS PUEDEN CIRCULAR EN LA POBLACIÓN PORCINA SIN QUE SE PRESENTE MANIFESTACIÓN CLÍNICA O SOLO POCOS SIGNOS.

ENTRE LAS COMPLICACIONES CABE MENCIONAR LAS INFECCIONES BACTERIANAS SECUNDARIAS U OTRAS INFECCIONES VÍRICAS.

OCASIONALMENTE SE OBSERVA BRONCONEUMONÍA SECUNDARIA GRAVE, POTENCIALMENTE FATAL.

PARA PREVENIR LA TRANSMISIÓN POR MEDIO DE FÓMITES Y VECTORES MECÁNICOS, SE REQUIEREN BUENAS MEDIDAS DE BIOSEGURIDAD.

UNA VEZ QUE EL REBAÑO PORCINO HA SIDO INFECTADO, EL VIRUS PUEDE PERSISTIR Y OCASIONAR BROTES PERIÓDICOS; SIN EMBARGO, UNA BUENA GESTIÓN PUEDE DISMINUIR LA FRECUENCIA, EL ALCANCE DE LOS BROTES Y LA GRAVEDAD DE LA ENFERMEDAD.

CUANDO EL VIRUS DE LA INFLUENZA PORCINA SE ESTABLECE EN UNA EXPLOTACIÓN, RESULTA MUY DIFÍCIL ERRADICARLO COMPLETAMENTE, POR LO QUE A VECES ES NECESARIO PROCEDER A LA DESPOBLACIÓN DE LOS REBAÑOS.

LAS VACUNAS INACTIVADAS CONTRA LA INFLUENZA TAMBIÉN ESTÁN DISPONIBLES PARA ALGUNAS INFECCIONES POR VIRUS DE LA INFLUENZA EN LOS CERDOS.

PARA OFRECER UNA ADECUADA PROTECCIÓN, ESTAS VACUNAS TIENEN QUE REFLEJAR LOS SUBTIPOS Y CEPAS VIRALES EN CIRCULACIÓN EN UN ÁREA GEOGRÁFICA Y NECESITAN CAMBIAR PERIÓDICAMENTE.

LAS VACUNAS NO SIEMPRE PREVIENEN LA INFECCIÓN O LA DISEMINACIÓN DEL VIRUS, PERO LOS CERDOS DEBIDAMENTE VACUNADOS SUELEN PRESENTAR UNA ENFERMEDAD MÁS LEVE SI SON INFECTADOS

LEPTOSPIROSIS (LEPTOSPIRA SPP)

ENFERMEDAD INFECCIOSA CAUSADA POR BACTERIAS LEPTOSPIRALES, LA INFECCIÓN NORMALMENTE ES ADQUIRIDA POR EL CONTACTO DE LA PIEL O MEMBRANAS CON ORINA.

ETIOLOGÍA: LEPTOSPIRA POMONA, L. BRATISLAVA, L. GRIPPOTYPHOSA.

LOS CERDOS FRECUENTEMENTE TRANSMITEN ESTA ENFERMEDAD AL HOMBRE.

SÍNTOMAS:
- FIEBRE.
- ANOREXIA.
- ESPASMOS
- ICTERICIA.
- HEMORRAGIA.
- MUERTE.
- ABORTOS.
- NACIMIENTO DE LECHONES DÉBILES.

DIAGNÓSTICO:
- POR LA PRESENCIA DE LOS SÍNTOMAS Y SIGNOS. AISLAMIENTO Y CULTIVO DEL MICROORGANISMO. SEROLOGÍA.

TRATAMIENTO:
- EN LAS ETAPAS INICIALES ADMINISTRAR ESTREPTOMICINAS, CLORTETRACICLINA Y OXITETRACICLINA.
- VACUNACIÓN DE MARRANAS.

LISTERIOSIS (LISTERIA MONOCYTOGENES)

LA LISTERIOSIS ES UNA ENFERMEDAD BACTERIANA SISTÉMICA POCO COMÚN QUE PUEDE CAUSAR PROBLEMAS REPRODUCTIVOS Y SEPTICEMIA EN LECHONES.

NOMBRES ALTERNATIVOS:

LISTERIA MONOCYTOGENES ESTÁ CAUSADA POR UNA BACTERIA, LISTERIA MONOCYTOGENES QUE SE ENCUENTRA COMÚNMENTE EN EL INTESTINO DEL CERDO.

LISTERIA TIENE UNA DIFUSIÓN MUNDIAL Y ESTÁ AMPLIAMENTE EXTENDIDA EN LA NATURALEZA.

A MENUDO SE ENCUENTRA EN EL QUESO Y EN ENSILADOS.

LA EXPOSICIÓN AL ORGANISMO RESULTA EN INFECCIÓN PERO LA ENFERMEDAD ES POCO COMÚN.

SU IMPORTANCIA RESIDE EN QUE ES UNA ENFERMEDAD CON GRANDES CONSECUENCIAS EN HUMANOS AUNQUE EL CERDO NO PARECE CONTRIBUIR A LA EPIDEMIOLOGIA DE BROTES HUMANOS.

SÍNTOMAS LECHONES LACTANTES

- MUERTE SÚBITA.
- FIEBRE ALTA.
- SEPTICEMIA.
- SÍNTOMAS NERVIOSOS, POSIBLEMENTE MENINGITIS.

- CABEZA LADEADA.
- INFECCIONES DE OÍDO.

NEUMONIA ENZOOTICA (MYCOPLASMA HYOPNEUMONIAE)

EL PRINCIPAL PROBLEMA ASOCIADO A LAS INFECCIONES POR M. HYOPNEUMONIAE ES UNA ENFERMEDAD RESPIRATORIA CRÓNICA.

SUELE SER UN PATÓGENO QUE AMPLIFICA LA SEVERIDAD DE OTRAS INFECCIONES INCLUYENDO LA GRIPE Y SÍNDRE REPRODUCTIVO Y RESPIRATORIO PORCINO.

NOMBRES ALTERNATIVOS:

MYCOPLASMA HYOPNEUMONIAE, NEUMONÍA POR MICOPLASMA ENFERMEDAD DE CERDOS CRÓNICA DE MAYOR IMPORTANCIA MUNDIAL.

SU FORMA CRÓNICA FRECUENCIA EN SITOS DE PRODUCCIÓN CONTINUA.

EL ORGANISMO CRECE MUY DESPACIO POR LO TANTO CLÍNICAMENTE SE PRESENTA DURANTE EL CEBO DESPUÉS DE LAS 7 O 12 SEMANAS DE EDAD Y ES PARTE DEL COMPLEJO RESPIRATORIO PORCINO.

SE TRATA CON ANTIBIÓTICOS Y SE PREVIENE POR MEDIO DE LA VACUNACIÓN.

LA NEUMONÍA ENZOÓTICA ES CAUSADA POR MYCOPLASMA HYOPNEUMONIAE UNA BACTERIA QUE CARECE PARED CELULAR.

ESTÁ AMPLIAMENTE DIFUNDIDA POR LAS POBLACIONES PORCINAS Y ES ENDÉMICA EN LA MAYORÍA DE GRANJAS DE TODO EL MUNDO.

SIEMPRE ATACA AL EPITELIO CILIADO EN LAS PARTES INFERIORES DE CADA LÓBULO PULMONAR PRODUCIENDO CONSOLIDACIÓN DE LOS TEJIDOS (TÍPICO DE UNA INFECCIÓN PULMONAR BACTERIANA).

EL PRINCIPAL PROBLEMA ASOCIADO A LAS INFECCIONES POR M. HYOPNEUMONIAE ES UNA ENFERMEDAD RESPIRATORIA CRÓNICA, QUE PUEDE ESTAR ACOMPAÑADA POR TOS NO PRODUCTIVA.

LA NEUMONÍA ENZOÓTICA SUELE PRESENTAR UNA ELEVADA MORBILIDAD Y UNA BAJA MORTALIDAD, Y AFECTA PROFUNDAMENTE LA GANANCIA MEDIA DIARIA Y LA CONVERSIÓN.

SI LA NEUMONÍA ENZOÓTICA NO ESTÁ PRESENTE EN LA POBLACIÓN DE CERDOS EN CRECIMIENTO, ENTONCES LOS EFECTOS DE LOS DEMÁS PATÓGENOS RESPIRATORIOS DISMINUYEN SENSIBLEMENTE.

SE LE CONSIDERA POR LO TANTO UN PATÓGENO QUE AMPLIFICA LA SEVERIDAD DE OTRAS INFECCIONES INCLUYENDO LA GRIPE Y SÍNDROME REPRODUCTIVO Y RESPIRATORIO PORCINO.

LA ENFERMEDAD OCURRE CUANDO APARECE NEUMONÍA ENZOÓTICA POR PRIMERA VEZ DENTRO DE LA GRANJA.

DURANTE UN PERÍODO DE2 A 4 SEMANAS DESPUÉS DE LA ENTRADA PUEDE APARECER UNA NEUMONÍA AGUDA INTENSA Y ELEVADA MORTALIDAD EN CERDOS DE TODAS LAS EDADES.
LA TRANSMISIÓN DE LA NEUMONÍA ENZOÓTICA ES PRINCIPALMENTE POR CONTACTO DIRECTO (NARIZ-A NARIZ).

EL RIESGO DE TRANSMISIÓN DISMINUYE EN LA SALA DE PARTOS CON LA EDAD DE LAS MADRES.

SUELE TENER UN PERIODO DE INCUBACIÓN DE 2 A 8 SEMANAS.

SÍNTOMAS

- PUEDE DESARROLLAR UNA NEUMONÍA AGUDA O CRÓNICA.
- GRAVE DIFICULTAD PARA RESPIRAR.
- TOS PROLONGADA NO PRODUCTIVA.
- MORTALIDAD ES VARIABLE DEPENDIENDO DE COINFECCIONES
- 30 AL 70% DE LOS CERDOS PRESENTARÁN LESIONES EN EL MATADERO.

CAUSAS / FACTORES QUE CONTRIBUYEN

- SE TRANSMITE POR EL MOVIMIENTO DE CERDOS PORTADORES.

- PUEDE DISEMINARSE POR EL AIRE HASTA 9,2 KM SI LAS CONDICIONES CLIMATOLÓGICAS LO PERMITEN. EL ORGANISMO MUERE RÁPIDAMENTE FUERA DEL CERDO SOBRETODO EN CONDICIONES SECAS.
- CERDOS QUE ENTRAN EN LA GRANJA YA INFECTADOS. EL AUMENTO DE LA ENFERMEDAD CLÍNICA SE ASOCIA CON LOS SIGUIENTES FACTORES:
- NAVES QUE SON DEMASIADO ANCHAS PARA UN BUEN FLUJO DE AIRE.
- TEMPERATURAS VARIABLES Y AISLAMIENTO DEFICIENTE.
- VELOCIDADES DE AIRE VARIABLES, ENFRIAMIENTO.
- NIVELES ALTOS DE DIÓXIDO DE CARBONO Y AMONÍACO.
- NIVELES DE POLVO Y DE BACTERIAS EN EL AIRE.

MOVIMIENTO DE CERDOS, ESTRÉS Y MEZCLA DE ANIMALES, ESPECIALMENTE ANIMALES DE DIFERENTES EDADES.

- ALOJAMIENTO EN SISTEMAS CONTINUOS.
- OTRAS ENFERMEDADES CONCURRENTES SOBRETODO SÍNDROME REPRODUCTIVO Y RESPIRATORIO PORCINO, *PLEURONEUMONÍA POR ACTINOBACILLUS*, GRIPE, Y *ENFERMEDAD DE AUJESZKY.*

- NUTRICIÓN DEFICIENTE Y CAMBIOS EN LA DIETA EN MOMENTOS DE ALTA SUSCEPTIBILIDAD.

PASTEURELOSIS (PASTEURELLA SPP):

LA PASTEURELLA MULTOCIDA ES FRECUENTEMENTE CAUSA DE NEUMONÍA COMO INFECCIÓN SECUNDARIA A ALGÚN OTRO PATÓGENO RESPIRATORIO (NEUMONÍA ENZOÓTICA, PRRS, GRIPE).

NOMBRES ALTERNATIVOS:

PASTEURELLA MULTOCIDA TIPO A LAS CEPAS DE PASTEURELLA MULTOCIDA TIPO A ESTÁN FRECUENTEMENTE INVOLUCRADAS EN LAS ENFERMEDADES RESPIRATORIAS EN PORCINO.

NO PUEDEN CAUSAR NEUMONÍA POR ELLAS MISMAS PERO NORMALMENTE SON OPORTUNISTAS SECUNDARIAS ASOCIADAS A INFECCIONES PRIMARIAS POR NEUMONÍA ENZOÓTICA, SÍNDROME REPRODUCTIVO Y RESPIRATORIO PORCINO, O GRIPE.

SÍNTOMAS LA ENFERMEDAD AGUDA SE CARACTERIZA POR:
- NEUMONÍA GRAVE AGUDA.
- TEMPERATURAS ALTAS.
- DESCARGAS NASALES.
- ALTA MORTALIDAD.
- LOS CERDOS MUESTRAN RESPIRACIÓN ACELERADA.

LA ENFERMEDAD SUB AGUDA SE CARACTERIZA POR:

- NEUMONÍA QUE ES MENOS GRAVE PERO A MENUDO SE COMPLICA CON INFLAMACIÓN DEL PERICARDIO Y PLEURITIS.
- TOSES.
- DESCARGAS NASALES.
- EMACIACIÓN.
- AUMENTO DE LA MORTALIDAD.

CAUSAS / FACTORES QUE CONTRIBUYEN

ENFERMEDADES CONCURRENTES COMO EL SÍNDROME REPRODUCTIVO Y RESPIRATORIO PORCINO, GRIPE Y NEUMONÍA ENZOÓTICA PREDISPONEN A ESTA ENFERMEDAD.

PLEURONEUMONIA (ACTINOBACILLUS PLEURONEUMONIAE)

PLEURONEUMONIA ACTINOBACILLUS PLEUROPNEUMONIAE, PERTENECIENTE A LA FAMILIA PASTEURELLACEAE, COCOBACILO GRAM NEGATIVO PLEOMÓRFICO.

TRANSMISIÓN:

- DIRECTA:

CONTACTO CONSECRECIONES NASALES, Y POR AEROSOLES DENTRO DE LA MISMA GRANJA.

SIGNOS CLÍNICOS:

- CUADRO HIPERAGUDO (EL MÁS FRECUENTE):

MUERTES SÚBITAS CON SECRECIÓN ESPUMOSAY ROJIZA EN LA CAVIDAD ORAL Y NASAL.

- RESPIRATORIOS:

CUADRO SUBAGUDO.

LOS ANIMALES AFECTADOS MUESTRAN UN CUADRO FEBRIL CON FUERTE DISNEA, Y CIANOSIS EN HOCICO, OREJAS Y EXTREMIDADES.

MUEREN ENTRE LAS 24 Y 36 HORAS. LESIONES:

- APARATO RESPIRATORIO:

LA BRONCONEUMONÍA FIBRINOSA, HEMORRÁGICA Y NECROTIZANTE ES EL HALLAZGO MÁS FRECUENTE Y, EN CASOS MÁS CRÓNICOS, SE PRESENTA CON UNA PLEURITIS FIBRINOSA.

DIAGNÓSTICO:

IDENTIFICACIÓN DEL AGENTE CAUSAL:

A PARTIR DE AISLAMIENTO BACTERIOLÓGICO DE PULMONES AFECTADOS. PCR.

TRATAMIENTO, PREVENCIÓN Y CONTROL:

LOS ANTIBIÓTICOS DE ELECCIÓN SON PENICILINAS (PRINCIPALMENTE AMOXICILINA), TETRACICLINAS (PRINCIPALMENTE DOXICICLINA), CEFALOSPORINAS Y COLISTINA, PERO DEBIDO AL AUMENTO DE RESISTENCIAS EN DIVERSOS SEROTIPOS ES ÚTIL LLEVAR A CABO UN ANTIBIOGRAMA.

COMO PREVENCIÓN EXISTEN VACUNAS COMERCIALES INACTIVADAS Y SE PUEDEN PRODUCIR AUTO VACUNAS.

ENFERMEDAD DE LA OREJA AZUL

EL SÍNDROME DISGENÉSICO Y RESPIRATORIO PORCINO (SDRP), TAMBIÉN DENOMINADO ENFERMEDAD DE LA OREJA AZUL, ES UNA ENFERMEDAD MUY DIFUNDIDA QUE AFECTA A LOS CERDOS DOMÉSTICOS.

ENTRE LOS SÍNTOMAS CABE CITAR PROBLEMAS DE REPRODUCCIÓN, NEUMONÍA Y MAYOR SUSCEPTIBILIDAD A INFECCIONES BACTERIANAS SECUNDARIAS.

ES CAUSADO POR UN VIRUS CLASIFICADO EN EL GÉNERO ARTERIVIRUS.

LA TRANSMISIÓN DEL VIRUS SDRP EN LA PRÁCTICA SE DEBE CON FRECUENCIA AL MOVIMIENTO DE ANIMALES INFECTADOS.

LOS CERDITOS NACIDOS DE LAS HEMBRAS INFECTADAS NO SIEMPRE PRESENTAN SIGNOS PERO PUEDEN SER EXCRETORES DEL VIRUS.

NO OBSTANTE, EL VIRUS SE ENCUENTRA TAMBIÉN EN LA MATERIA FECAL, ORINA Y SEMEN Y PUEDE PROPAGARSE POR MEDIO DE LOS VEHÍCULOS O SUMINISTROS, INCLUSO LOS INSECTOS SON UNA FUENTE POTENCIAL DE PROPAGACIÓN.

ASIMISMO EXISTE LA POSIBILIDAD DE TRANSMISIÓN POR EL AIRE. SE HA DEMOSTRADO QUE LA ENFERMEDAD PUEDE TRANSMITIRSE TAMBIÉN POR INSEMINACIÓN ARTIFICIAL SI EL SEMEN ESTÁ CONTAMINADO CON EL VIRUS.

COMO LO SUGIERE EL NOMBRE, HAY DOS SÍNDROMES ASOCIADOS AL SDRP; EL FRACASO DE REPRODUCCIÓN EN LAS CERDAS Y LA ENFERMEDAD RESPIRATORIA EN LOS JUVENILES:

- EL FRACASO DE LA REPRODUCCIÓN SE CARACTERIZA POR INFERTILIDAD, ABORTOS, CERDITOS NACIDOS MUERTOS O NACIDOS DÉBILES QUE EN GENERAL MUEREN POCO DESPUÉS DEL NACIMIENTO DEBIDO A LA ENFERMEDAD RESPIRATORIA Y A INFECCIONES SECUNDARIAS.

EL ESTADO DE PREÑEZ, EL ESTADO INMUNE DE LA CERDA Y LA VIRULENCIA DEL VIRUS DETERMINAN LOS EFECTOS DE LA INFECCIÓN.

-EN LOS VERRACOS Y LAS CERDAS JÓVENES Y ADULTAS DE REPOSICIÓN NO APAREADAS, SE PUEDE OBSERVAR FIEBRE PASAJERA Y ANOREXIA, PERO LA INFECCIÓN ES CON FRECUENCIA INAPARENTE EN ESTAS CATEGORÍAS DE ANIMALES.

EL SÍNDROME RESPIRATORIO SE RECONOCE POR LA DIFICULTAD PARA RESPIRAR, FIEBRE, PÉRDIDA DE APETITO Y APATÍA, DECOLORACIÓN ROJA DEL CUERPO Y OREJAS AZULES.

LOS CERDOS MÁS JÓVENES SON LOS MÁS AFECTADOS. LA MORTALIDAD SUELE SER ALTA, AUNQUE LOS ANIMALES INFECTADOS A VECES NO MANIFIESTEN NINGÚN SIGNO.

Y AUNQUE TAMBIÉN SE CONOZCA COMO ENFERMEDAD DE LA OREJA AZUL, POR EL SUMINISTRO RESTRINGIDO DE LA SANGRE, ESTE ES SOLO UN SIGNO TRANSITORIO.

SALMONELOSIS (SALMONELLA COLLERAE SUIS)

LA SALMONELOSIS ES UNA ENFERMEDAD BACTERIANA DE GRAN IMPORTANCIA EN CERDOS POR SU CAPACIDAD DE PRODUCIR INTOXICACIONES ALIMENTARIAS EN EL HOMBRE.

CLÍNICAMENTE SE PUEDE PRESENTAR COMO DIARREA, ENFERMEDAD SISTÉMICA, O NEUMONÍA.

NOMBRES ALTERNATIVOS:

SALMONELOSIS, SALMONELLOSIS SALMONELA SE ENCUENTRA AMPLIAMENTE EXTENDIDA EN EL HOMBRE Y LOS ANIMALES.

DE LOS MUCHOS SEROTIPOS DE SALMONELLA QUE EXISTEN (>2000), LOS QUE PRINCIPALMENTE CAUSAN ENFERMEDAD CLÍNICA EN CERDOS SON SALMONELLA CHOLERAESUIS Y SALMONELLA TYPHIMURIUM. S. CHOLERAESUIS ES EL SEROTIPO ESPECÍFICO ADAPTADO AL PORCINO Y PUEDE PRODUCIR UNA ENFERMEDAD GRAVE GENERALIZADA EN CERDAS (FIEBRE, DEPRESIÓN, SEPTICEMIA, NEUMONÍA, MENINGITIS, ARTRITIS Y DIARREA) PERO NO SUELEN AFECTAR AL HOMBRE.

EL SEROTIPO MÁS COMÚNMENTE ENCONTRADO EN CERDOS, SIN EMBARGO, ES SALMONELLA TYPHIMURIUM LA CUAL A VECES SE ASOCIA CONDIARREA EN CERDOS JÓVENES Y QUE ES, ADEMÁS, UNA FUENTE COMÚN DE INTOXICACIONES ALIMENTARIAS PARA EL HOMBRE.

LOS CERDOS SE PUEDEN CONVERTIR EN PORTADORES SUBCLÍNICOS DE S. CHOLERAESUIS DURANTE LARGOS PERÍODOSPUESTO QUE EL ORGANISMO SOBREVIVE EN LOS GANGLIOS LINFÁTICOS MESENTÉRICOS QUE DRENAN EL INTESTINO.

MUCHOS DE ESTOS PORTADORES NO EXCRETAN LA BACTERIA EN LAS HECES A NO SER QUE SUFRAN ESTRÉS. ALGUNOS CERDOS PUEDEN EXCRETAR POR HECES DE FORMA CONTINUA O INTERMITENTE.

LA ENFERMEDAD DEPENDE DE LA CEPA Y DE LA DOSIS, ES DECIR, NECESITA UN NÚMERO RELATIVAMENTE GRANDE DE ORGANISMOS PARA QUE SE PRODUZCAN.

SIGNOS CLÍNICOS.

SÍNTOMAS

- TEMPERATURA ALTA.
- DEPRESIÓN.
- PÉRDIDA DEL APETITO.
- CONGESTIÓN DE LAS OREJAS, NARIZ Y COLA.
- NEUMONÍA.
- TOSES.
- SIGNOS NERVIOSOS (RARO).
- DIARREA MAL OLIENTE A VECES CON SANGRE Y MOCO.
- PUEDEN MORIR EN LA FASE AGUDA DE LA ENFERMEDAD.

CAUSAS / FACTORES QUE CONTRIBUYEN

- MALA HIGIENE.
- HACINAMIENTO.
- ESTRÉS PRODUCIDO AL MOVER Y MEZCLAR ANIMALES.
- NAVES EN USO CONTINUO.
- BOTAS Y ROPA CONTAMINADAS.
- TRANSMISIÓN MECÁNICA A TRAVÉS DE HECES Y MOVIMIENTO DE MATERIAL CONTAMINADO.
- VERMES Y MOSCAS.
- CONTAMINACIÓN DEL PIENSO POR PARTE DE PÁJAROS, RATAS Y RATONES.
- CONTAMINACIÓN DE LOS INGREDIENTES DEL PIENSO (ESPECIALMENTE GRASA DE ANIMAL).

CONTROL/ PREVENCIÓN

- USUALMENTE SE NECESITA TRATAMIENTO CON ANTIBIÓTICOS EN PIENSO, INYECCIÓN, Y EN AGUA PARA REDUCIR LOS NIVELES DE INFECCIÓN.
- ALGUNOS VETERINARIOS NO ESTÁN DE ACUERDO EN TRATAR LA SALMONELOSIS Y SON PARTIDARIOS DE TAN SOLO MEJORAR LA HIGIENE Y DISMINUIR LA DENSIDAD DE ANIMALES.
- LA MEDICACIÓN PREVENTIVA O ESTRATÉGICA EN PIENSO O AGUA PUEDEN SER EFECTIVAS. SE USAN PRODUCTOS BASÁNDOSEEN LA SENSIBILIDAD BACTERIANA.

- LA GRAVEDAD DE LA SALMONELOSIS CLÍNICA DEPENDE DE LA DOSIS. EL OBJETIVO GENERAL ES, POR LO TANTO, OBTENER NIVELES DE SALMONELA EN EL AMBIENTE POR DEBAJO DEL NIVEL NECESARIO PARA PRODUCIR LA ENFERMEDAD. EL SEGUNDO OBJETIVO ES REDUCIR LA TRANSMISIÓN DE LA INFECCIÓN.
- RECUERDE QUE SALMONELLA PUEDE CAUSAR ENFERMEDAD EN EL HOMBRE POR INTOXICACIÓN ALIMENTARIA.

ESTO TIENE DOS IMPLICACIONES PARA EL PRODUCTOR DE CERDOS:

EN PRIMER LUGAR, DEBE ASEGURARSE QUE TODOS LOS TRABAJADORES ADOPTEN UN NIVEL ELEVADO DE HIGIENE PERSONAL PARA QUE NO SE INFECTEN.

EN SEGUNDO LUGAR ES IMPORTANTE QUE LOS GANADEROS Y PRODUCTORES CÁRNICOS PORCINOS DEN UNA IMAGEN PÚBLICA DE SEGURIDAD Y NO SE LES RELACIONE CON BROTES INFECCIOSOS EN EL HOMBRE.

ES POR LO TANTO IMPERATIVO MANTENER SALMONELLA BAJO ESTRICTO CONTROL.

- HAY VACUNAS MODIFICADAS VIVAS MUY EFECTIVAS QUE PUEDEN UTILIZARSE EN LA REPRODUCCIÓN Y EN EL ENGORDE.

- LAS VACUNAS PARA S. CHOLERAESUIS PARECEN PRODUCIR PROTECCIÓN ADECUADA CONTRA S. TYPHIMURIUM.

TRIQUINOSIS (TRICHINELLA SPIRALIS):

LA TRIQUINA ES UNA INFECCIÓN SIN SÍNTOMAS CLÍNICOS EN CERDOS, PERO CON GRAN IMPORTANCIA ZOONÓTICA.

NOMBRES ALTERNATIVOS:

TRIQUINA, TRIQUINELOSIS, TRICHINELLA SPIRALIS.

EN AMÉRICA DEL NORTE Y EUROPA LA TRIQUINOSIS ESTÁ CAUSADA PRINCIPALMENTE POR EL PARÁSITO TRICHINELLA SPIRALIS AUNQUE HAY OTRAS ESPECIES DE TRICHINELLA EN DIFERENTES REGIONES DEL MUNDO.

LA INFECCIÓN CAUSA QUISTES EN LOS MÚSCULOS.

ESTOS QUISTES SON INFECCIOSOS Y, SI SON INGERIDOS POR OTROS ANIMALES, INCLUYENDO HUMANOS, PUEDEN CAUSAR DIARREA Y DOLORES ABDOMINALES.

LA ENFERMEDAD EN HUMANOS PUEDE PROGRESAR Y SER MUY DOLOROSA Y CAUSAR SÍNTOMAS DEL SISTEMA NERVIOSO CENTRAL.

SÍNTOMAS:

LA TRIQUINA NO CAUSA SÍNTOMAS CLÍNICOS EN CERDOS.

CAUSAS / FACTORES QUE CONTRIBUYEN

CONSUMO DE CARNE INFECTADA, ESPECIALMENTE SI LA CARNE INFECTADA A LA QUE ACCEDEN LOS CERDOS ES TAMBIÉN DE CERDO, PERO TAMBIÉN CADÁVERES DE RATAS.

EL USO DE BASURA O SOBRAS DE COMIDA PARA ALIMENTAR CERDOS.

DIAGNÓSTICO

HAY EXÁMENES SEROLÓGICOS.

EN EL MATADERO SE REALIZA UNA INSPECCIÓN PARA BUSCAR QUISTES EXAMINANDO MUESTRAS DE MÚSCULO (EXAMEN TRIQUINOSCÓPICO), O MÚSCULO DIGERIDO PORENZIMAS (DIGESTIÓN ARTIFICIAL), EN EL MICROSCOPIO.

CONTROL/ PREVENCIÓN

- NO HAY TRATAMIENTOS PARA LOS ANIMALES AFECTADOS.
- PREVENIR EL CONSUMO DE CARNE INFECTADA O SUS DESECHOS.
- CONTROL DE RATAS.

LAS PERSONAS QUE TENIENDO CONOCIMIENTO DE LA PRESENCIA O SOSPECHA DE LAS ENFERMEDADES O PLAGAS AQUÍ LISTADAS Y QUE NO NOTIFIQUEN AL SISTEMA NACIONAL DE VIGILANCIA EPIDEMIOLÓGICA DE LA SECRETARÍA DE AGRICULTURA, GANADERÍA, DESARROLLO RURAL, PESCA Y ALIMENTACIÓN SERÁN SANCIONADAS CONFORME A LO DISPUESTO EN LA LEY FEDERAL DE SANIDAD ANIMAL, NORMA OFICIAL MEXICANA NOM-046-ZOO-1995, SISTEMA NACIONAL DE VIGILANCIA EPIDEMIOLÓGICA Y LOS ARTÍCULOS 253 Y 254 DEL CÓDIGO PENAL FEDERAL.

COCCIDIOSIS PORCINA (ISOSPORA SUIS)

ES UN PARÁSITO INTRACELULAR, QUE PRESENTA UN CICLO DE VIDA EN VARIAS FASES DE DESARROLLO.

CICLO DE VIDA:

EL DESARROLLO TRANSCURRE TANTO DENTRO COMO FUERA DEL ANIMAL. EL ESTE PARÁSITA EL INTESTINO DELGADO Y SE DESARROLLA EN EL TEJIDO DE LA MUCOSA.

EN LA MUCOSA DEPOSITAN LOS HUEVOS LLAMADOS AQUISTES .ALGUNOS DE ESTOS HUEVOS SON EXPULSADOS POR LOS EXCREMENTOS. SI LAS CONDICIONES AMBIENTALES SON FAVORABLES SE FORMA EL QUISTE ESPORULADO EL CUAL INFECTA A OTROS CERDOS.

EL CICLO DEL PARÁSITO PRESENTA UNA FASE DE MULTIPLICACIÓN ENDÓGENA QUE TIENE LUGAR EN EL APARATO DIGESTIVO DE LOS LECHONES Y UNA FASE DE ESPORULACIÓN EXÓGENA QUE SE PRODUCE EN EL ENTORNO.

CAUSADA POR PROTOZOARIO, GÉNEROS EIMERIA NEOSPPORA TOXOPLASMA.
LOS LECHONES QUEDAN INFECTADOS POR EL PARÁSITO AL INGERIR OQUISTES ESPORULADOS QUE SE ENCUENTRAN EN EL ENTORNO.

ESTA ISOSPORA CAUSA EL 96 % INFECCIONES EN LECHONES.

LOS FACTORES DE VIRULENCIA SON LOS PROCESOS Y SUSTANCIAS POR LOS QUE EL PARÁSITO INICIA Y MANTIENE LA INFECCIÓN EN EL HUÉSPED.

SÍNTOMAS:

- LA DIARREA ES EL PRINCIPAL SÍNTOMA EN LAS FASES TEMPRANAS.
- EN FASES TARDÍAS LAS HECES VARÍAN EN CONSISTENCIA Y COLOR, DE AMARILLO A VERDE GRISÁCEO, O CON SANGRE DEPENDIENDO DE LA GRAVEDAD DE LA ENFERMEDAD.
- LA DESHIDRATACIÓN ES FRECUENTE.

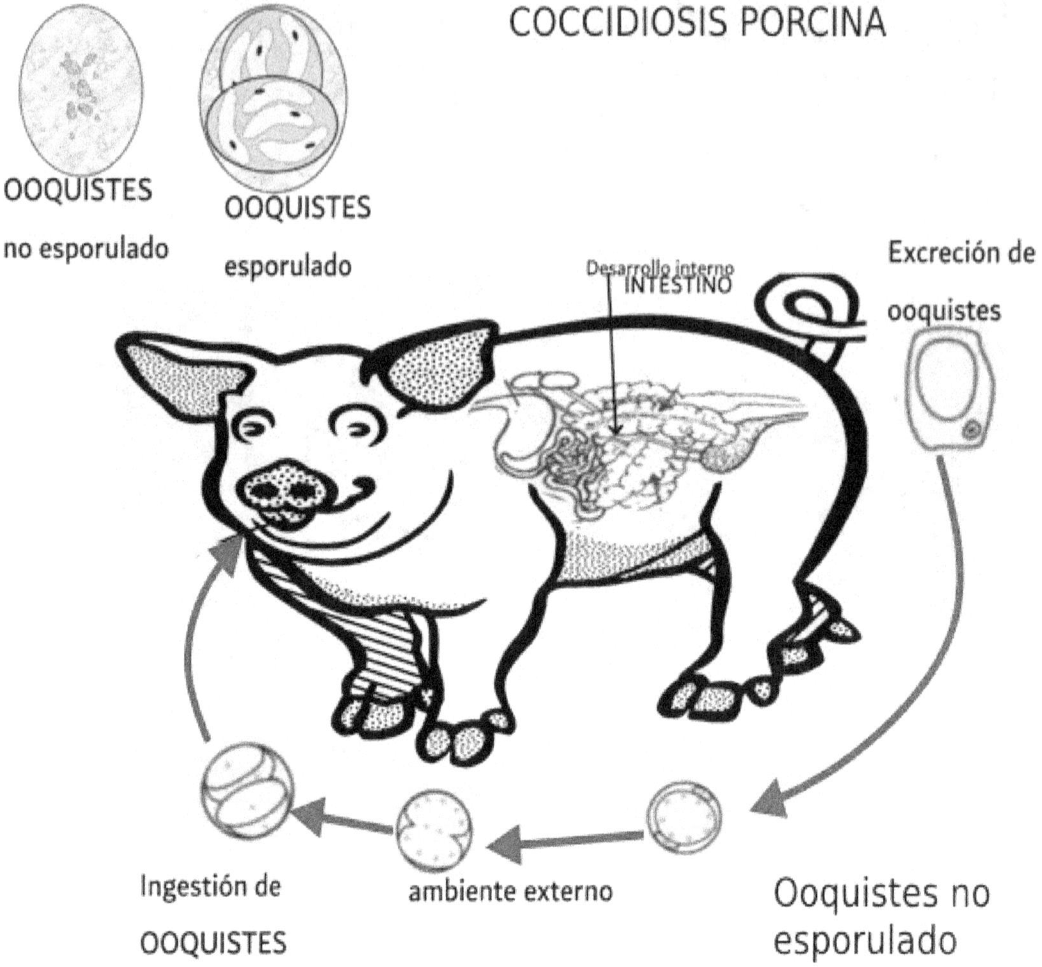

OOQUISTES
El ciclo vital del parásito es de 5 a 10 días

NOTA:

***OOQUISTE** ES EL QUISTE QUE FORMA EL CIGOTO DE UN PARÁSITO API COMPLEXO. EL OOQUISTE ES LA FASE PARASITARIA RESULTANTE DE LA REPRODUCCIÓN SEXUAL ENTRE GAMETOCITOS. EL OOQUISTE EN SU INTERIOR CONTIENE ESPOROZOÍTOS QUE SON LA FASE INFECTANTE DE LOS PARÁSITOS

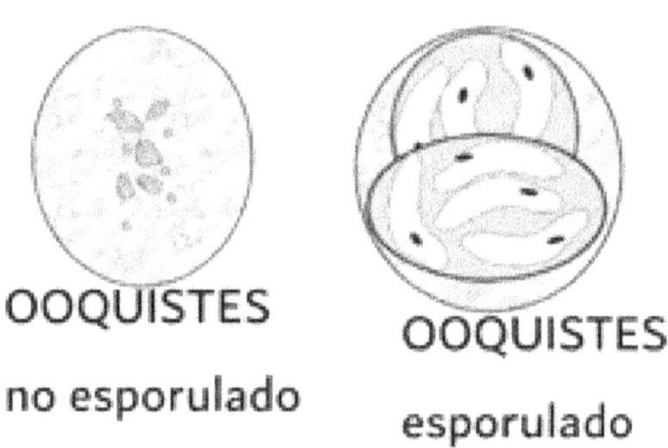

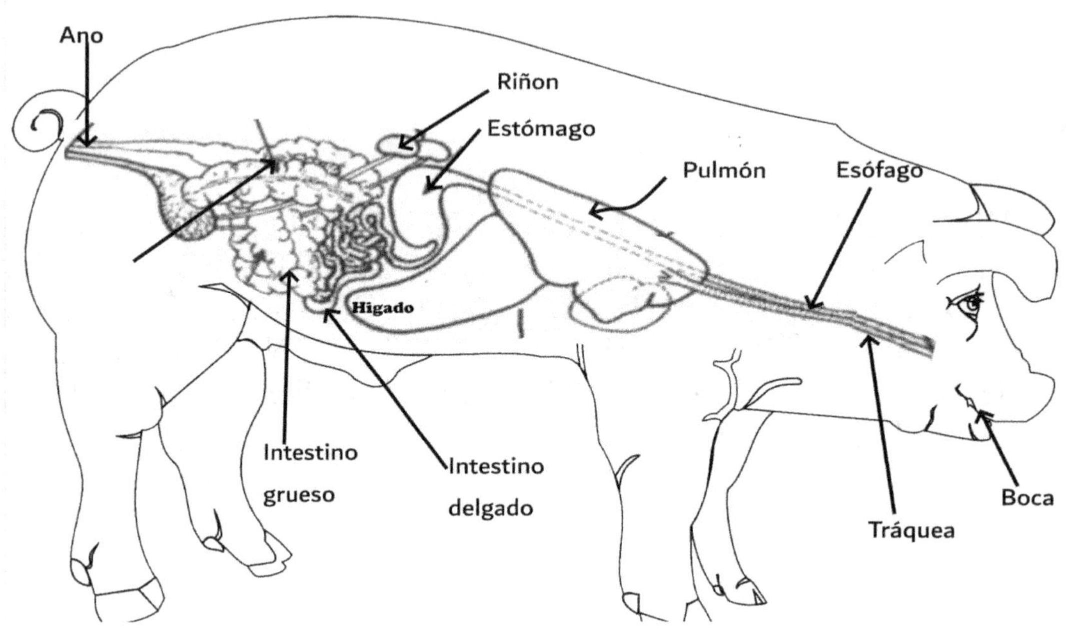

Ano
Riñon
Estómago
Pulmón
Esófago
Higado
Intestino
grueso
Intestino
delgado
Boca
Tráquea

CONTROL DE INSECTOS Y ROEDORES

LA BIOSEGURIDAD ES UN CONCEPTO INTEGRAL QUE COMPRENDE BÁSICAMENTE EN CINCO ELEMENTOS:

- AISLAMIENTO
- CONTROL E TRAFICO DE ANIMALES,
- MEDIDAS DE HIGIENE
- PROGRAMAS DE VACUNACIÓN
- CONTROL DE PLAGAS

EL CONTROL DE PLAGA NO SE LE DA LA IMPORTANCIA QUE EN LA PREVENCIÓN DE LAS ENFERMEDADES. EN UNA EXPLOTACIÓN PORCINA SON LAS MOSCAS, MOSQUITOS, PULGAS Y RATAS SON CAUSANTES DE ESTRÉS EN LOS ANIMALES, SON LOS MOSQUITOS, PULGAS Y GARRAPATAS LOS QUE CAUSAN GRANDES PERDIDAS A LOS GANADEROS.

EL PIOJO PORCINO O HAEMOTOPINUS SUIS: ES EL TIPO DE PIOJO MAS GRANDE QUE PUEDE AFECTAR AL GANADO PORCINO, YA QUE SUS MEDIDAS SUPERAR LOS 4MM

PRESENCIA DE MOSCAS EN GRANJAS DE CERDOS

ENFERMEDADES PROPAGADAS POR LAS MOSCAS

LAS MOSCAS SON PORTADORAS DE IMPORTANTES PATÓGENOS CAUSANTES DE MÚLTIPLES ENFERMEDADES EN LA GRANJA.

POR ESO ES PRIMORDIAL EL CONTROL DE ESTOS INSECTOS PORQUE PUEDEN TRANSMITIR UNA GRAN VARIEDAD DE PATÓGENOS Y ENFERMEDADES INFECTOCONTAGIOSAS, ENTRE ELLAS:

- E. COLI.

- SALMONELOSIS.
- DISENTERÍA PORCINA (BRACHYSPIRA).
- ILEÍTIS (LAWSONIA).
- TUBERCULOSIS.

LA MOSCA DÒMESTICA

--Transmisiòn de patógenos com son la SALMONELLA, ÁNTRAX, (Basillus anthracis), E.Coli, virus del cólera porcino, Estreptococos Hemolíticos, virus del PRRS.
--Vectores de transmisión de huevos de nematodos.
--Transmisión de Bacterias resistentes a los antibióticos
--Puede resultar perdida del 10% de la ganancia
  media diaria.

LA MOSCAS EN LOS ESTABLOS
-- Transmisión del virus de la Peste Porcina Africana

GENERALMENTE LA TRANSMISIÓN SE REALIZA AL CONTAMINAR ALIMENTOS QUE LUEGO SON INGERIDOS POR EL ANIMAL.

LA CONTAMINACIÓN SE PRODUCE POR CONTACTO CON EL CUERPO DEL INSECTO, POR DEPÓSITOS DE FLUIDOS GÁSTRICOS Y RESTOS DE COMIDA REGURGITADA.

DEBIDO A LA DISPONIBILIDAD DE GRANDES CANTIDADES DE HECES, LAS UNIDADES PORCINAS PROPORCIONAN EL AMBIENTE PERFECTO PARA LA REPRODUCCIÓN, ALIMENTACIÓN Y ASENTAMIENTO DE VARIOS TIPOS DE MOSCAS.

CONTROL DE MOSCAS EN GRANJAS DE CERDOS:

LAS TAREAS PARA EL CONTROL DE MOSCAS EN GRANJAS, PASAN POR ELIMINAR LOS FOCOS DE CRÍA DE LAS MISMAS Y EL USO PERIÓDICO DE INSECTICIDAS PARA INSTALACIONES GANADERAS.

ELIMINACIÓN DE LOS FOCOS DE CRÍA

- RETIRAR PERIÓDICAMENTE LOS PURINES.
- HIGIENIZAR Y DESINFECTAR LA INSTALACIÓN GANADERA, MEDIANTE EL EMPLEO DE DETERGENTES ESPECIALIZADOS, COMO PREVIO QUAT.
- CAMBIAR LAS CAMAS SI LAS HUBIERE AL MENOS DOS VECES POR SEMANA INTERRUMPIENDO EL DESARROLLO DEL CICLO VITAL DE LA LARVA.

EMPLEO DE INSECTICIDAS DE USO GANADERO

EL EMPLEO SISTEMÁTICO DE INSECTICIDAS ES DE GRAN AYUDA PARA EL CONTROL DE MOSCAS EN GRANJAS, SOBRE TODO PARA CONTROLAR A LA POBLACIÓN ADULTA DE INSECTOS.

LOS INSECTICIDAS EMULSIONABLES EN AGUA PERMITEN PULVERIZAR PAREDES Y SUELOS, PENETRANDO EN SUPERFICIES TANTO LISAS COMO POROSAS.

DENTRO DE ESTE GRUPO SE ENCUENTRA ARPÓN G, UN INSECTICIDA DE USO GANADERO CUYO PRINCIPIO ACTIVO ES LA CIPERMETRINA, MUY EFICAZ Y CON UN AMPLIO ESPECTRO DE ACCIÓN PARA LA ELIMINACIÓN DE INSECTOS VOLADORES.

SI TIENES ALGUNA DUDA RECUERDA QUE PUEDES CONSULTARNOS SOBRE EL EMPLEO, APLICACIÓN Y DOSIFICACIÓN RECIBIENDO ASESORAMIENTO POR PARTE DE NUESTRO EQUIPO TÉCNICO.

EL CONTROL DE MOSCAS PODRÍA CONSIDERARSE COMO UNA FORMA DE REDUCIR LA PROPAGACIÓN DE ENFERMEDADES EN LAS GRANJAS, MINIMIZANDO TAMBIÉN LA NECESIDAD DE USAR ANTIBIÓTICOS PARA TRATAR ESAS ENFERMEDADES.

LAS MOSCAS ALBERGAN Y PROPAGAN BACTERIAS RESISTENTES A LOS ANTIBIÓTICOS.

POR ELLO, CONTROLAR LAS MOSCAS ES UNA FORMA DE REDUCIR LA DISEMINACIÓN DE BACTERIAS RESISTENTES.

Las moscas son portadoras de importantes patógenos
que causan múltiples enfermedades en la granja.

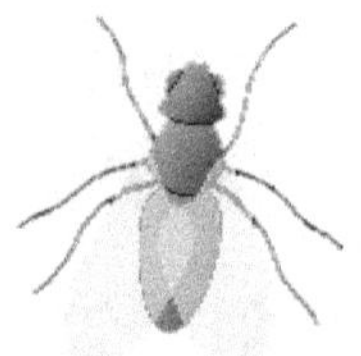

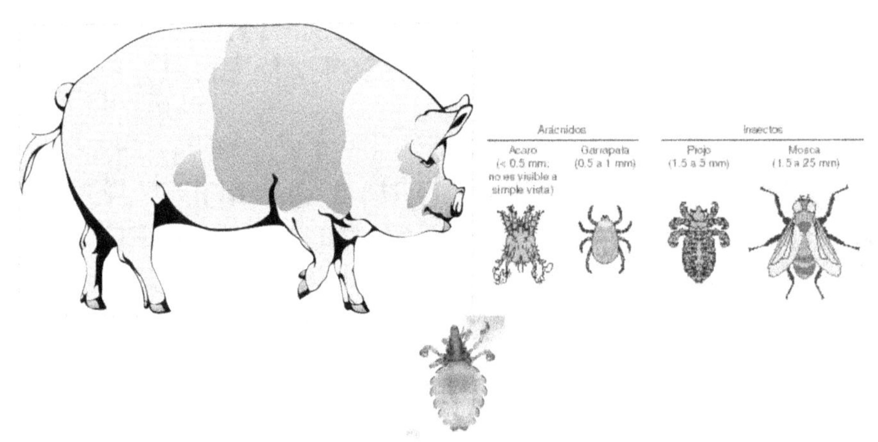

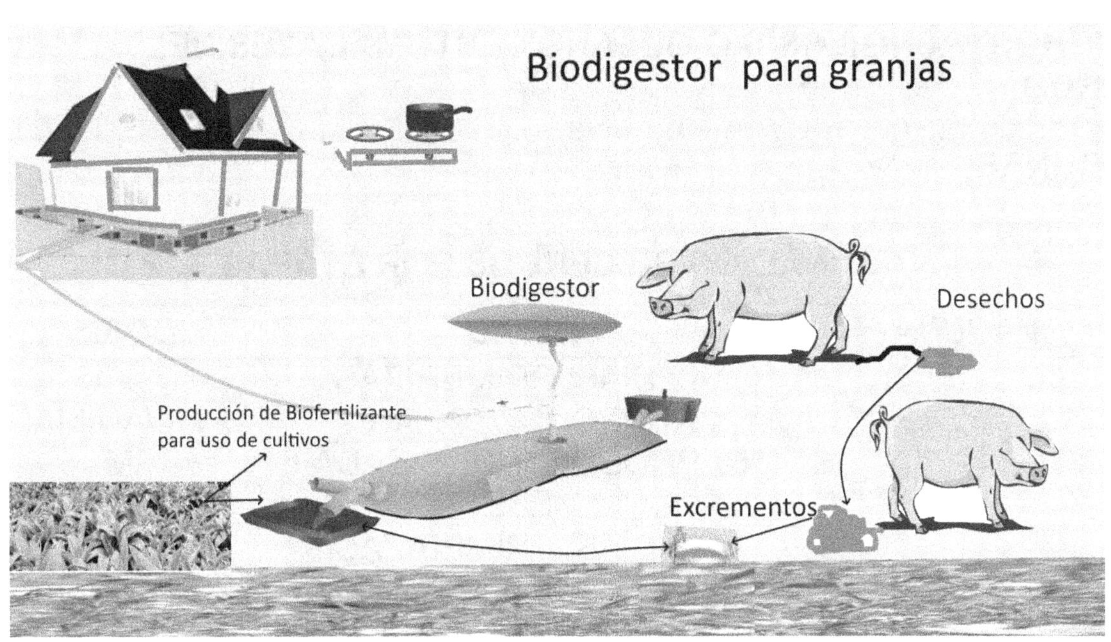

Biodigestor para granjas
Biodigestor
Desechos
Producción de Biofertilizante
para uso de cultivos
Excrementos

TRICHOSTRONGILOSIS O GUSANOS ESTOMACALES DEL CERDO

VACUNAS

VACUNACIÓN DE CERDOS POR ETAPAS		
VACUNA	*EDAD*	*DOSIS*
AFTOSA	42 DÍAS; PRIMERIZAS; REPRODUCTORAS Y REPRODUCTORES CADA 6 MESES.	2 ML/ANIMAL IM
PESTE PORCINA	42 DÍAS; PRIMERIZAS; HEMBRAS ANTES DEL PARTO; MACHOS CADA 6 MESES	2 ML/ANIMAL SC
RINITIS ATRÓFICA	7 DÍAS Y REFUERZO A LOS 28 DÍAS; PRIMERIZAS; HEMBRAS EN PREPARTO Y MACHOS SEMESTRALMENTE.	3 ML/ANIMAL IM O SC
PARVOVIRUS	HEMBRAS EN PRESERVICIO; A LOS 11 DÍAS POSTPARTO; MACHOS CADA SEIS MESES.	2 ML/ANIMAL IM O SC
LEPTOSPIRA	DESTETE; HEMBRAS EN PRESERVICIO; 11 DÍAS POSTPARTO; MACHOS CADA SEIS MESES.	2 ML/ANIMAL IM O SC

ERISIPELA	DESTETE, REVACUNACION A LOS 21 DÍAS; PREPARTO; MACHOS CADA SEIS MESES.	2 ML/ANIMAL IM O SC
ENFERMEDAD DE AUJESKY	65 DÍAS DE EDAD; HEMBRAS EN PRESERVICIO; HEMBRAS EN PREPARTO; MACHOS ANUALMENTE	2 ML/ANIMAL IM O SC
DIARREA POE E. COLI	HEMBRAS EN PRESERVICIO; HEMBRAS EN PREPARTO; MACHOS SEMESTRALMENTE.	2 ML/ANIMAL IM O SC
VERMIFUGACIÓN	AL DESTETE (0,5 ML/ANIMAL); TODOS LOS ANIMALES CADA 2 O 3 MESES.	4 ML/ANIMAL SC

PUNTOS DE INYECCIÓN

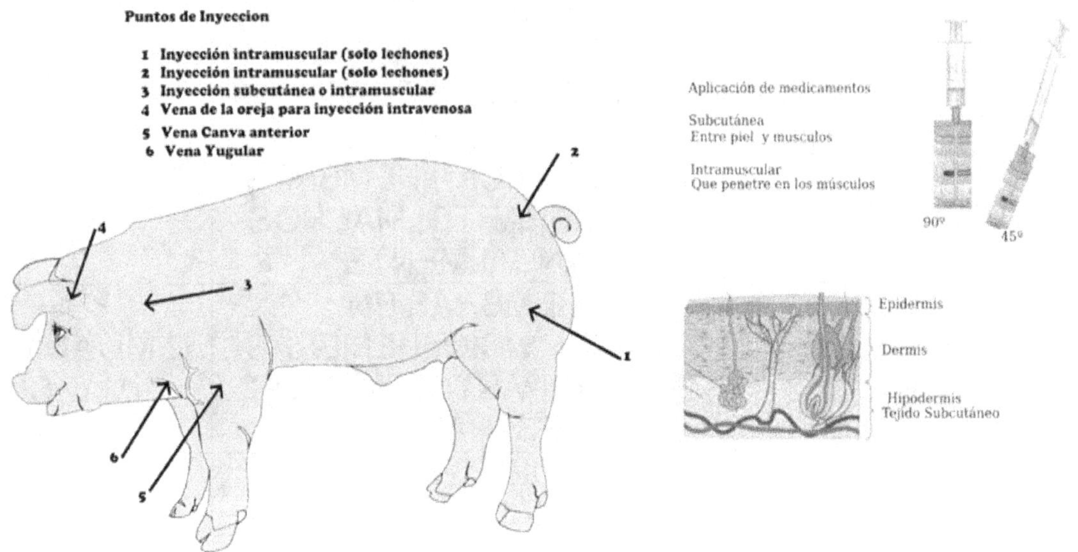

VACUNA AFTOSA

42 DÍAS; PRIMERIZAS; REPRODUCTORAS Y REPRODUCTORES CADA 6 MESES.

2 ML/ANIMAL IM

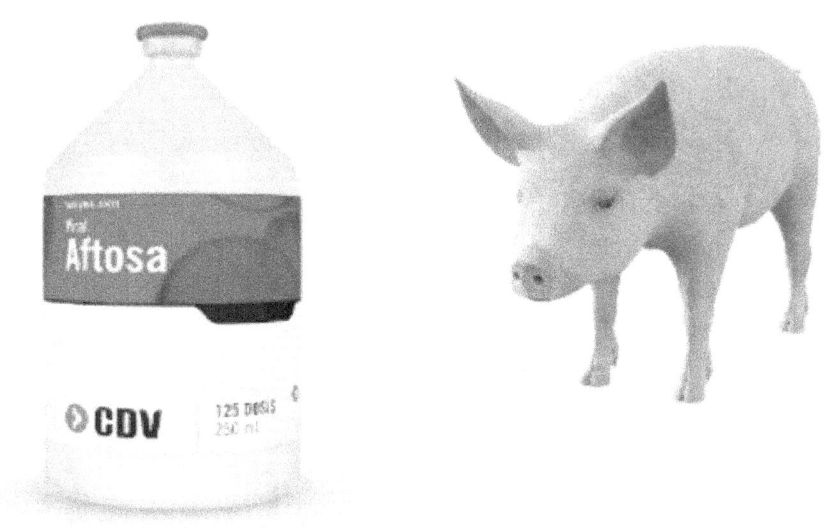

VACUNA CÓLERA PORCINA

LA PESTE PORCINA CLÁSICA, CONOCIDA COMO CÓLERA PORCINO.

COMPOSICIÓN
CADA DOSIS (2ML.) CONTIENE:

VIRUS VIVO CEPA CHINA .... $10^{3.5}$ D.I. 50%
ESTABILIZADORES C. S. P. .... (2 – 5 Ó 10 DOSIS)

INDICACIONES

PARA PREVENIR EL CÓLERA PORCINO EN CERDOS VACUNADOS A PARIR DE LAS 6 SEMANAS DE EDAD.
VÍA DE ADMINISTRACIÓN
VÍA INTRAMUSCULAR O SUBCUTÁNEA.

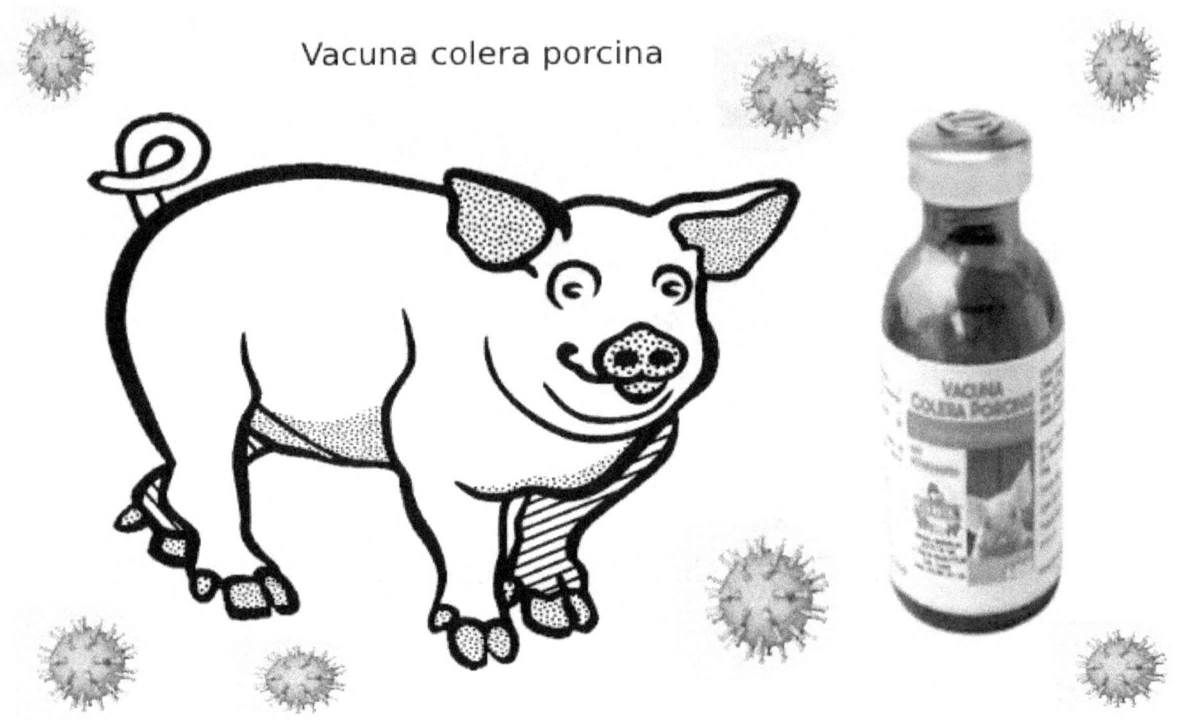

Vacuna colera porcina

VETANBIOTIC 500 (AMOXICILINA AL 50%)

VETANBIOTIC FG500 Y VETANBIOTIC PS500, PARA MEDICAR ALIMENTO EN FORMA PREMIX Y PARA MEDICACIÓN POR AGUA CON POLVO SOLUBLE.

LA AMOXICILINA ES UNA PENICILINA SEMISINTÉTICA DE AMPLIO ESPECTRO CON UNA ACTIVIDAD BACTERICIDA FRENTE A ORGANISMOS GRAM (+) Y GRAM (-) AISLADOS EN LOS CERDOS, PARTICULARMENTE STREPTOCOCCUS SPP, HAEMOPHILUS SPP Y ACTINOBACILLUS PLEUROPNEUMONIA, QUE ACTÚA POR INHIBICIÓN DE LA SÍNTESIS DE LA PARED BACTERIANA O POR ACTIVACIÓN DE ENZIMAS QUE DESORGANIZAN LAS PAREDES BACTERIANAS.

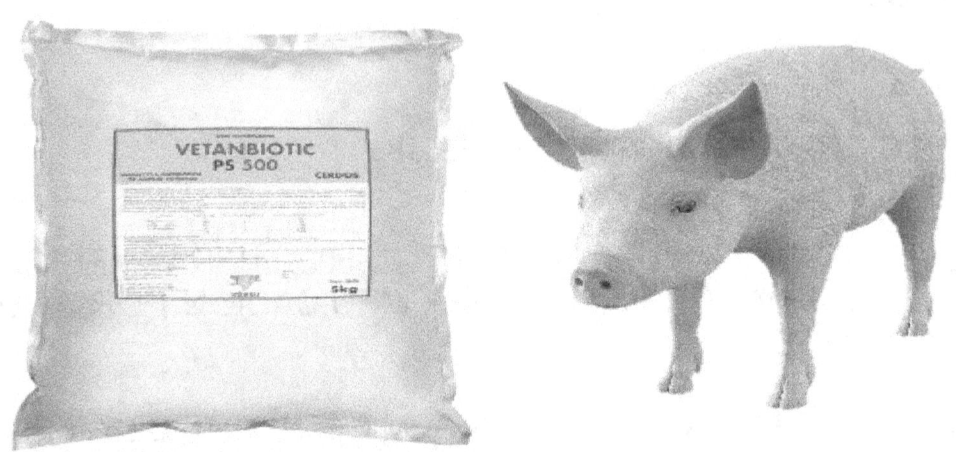

Vetanbiotic

COMPOSICIÓN

CADA 100G CONTIENE AMOXICILINA TRIHIDRATO 50G EXCIPIENTE C.S.

INDICACIONES CLÍNICAS DE USO

ACTIVO CONTRA GÉRMENES GRAM + Y GRAM –:
PRODUCTORES DE ENTERITIS (E.COLI, SALMONELLA, STAPHYLOCOCCUS AUREUS) ENCEFALITIS (STREPTOCOCCUS SUIS, HAEMOPHILUS SUIS Y PARASUIS, CORYNEBACTERIUM PYOGENES) CISTITIS (E. COLI, PROTEUS SPP, KLEBSIELLA SPP, STAPHYLOCOCCUS AUREUS, CORYNEBACTERIUM SUIS) SINDROME MMA (STAPHYLOCOCCUS AUREUS, STREPTOCOCCUS AGALACTIAE, STREPTOCOCCUS DYSGALACTIE) EN INFECCIONES CAUSADAS POR MICROORGANISMOS SENSIBLES EN GENERAL.

ESTÁN INDICADOS EN LA RECEPCIÓN DE LECHONES AL DESTETE; EN CASOS DE CUADROS NERVIOSOS:

POSTRACIÓN, PEDALEO, APATÍA Y MENINGITIS ESTREPTOCOCCICA; EN CASOS DE POLIARTRITIS Y/O POLISEROSITIS Y POR DERMATITIS EXUDATIVA.

DOSIFICACIÓN Y MODO DE USO:

SE ADMINISTRA POR VÍA ORAL A TRAVÉS DEL AGUA DE BEBIDA, A RAZÓN DE 20MG/KG. DURANTE 5 A 7 DÍAS.

RESTRICCIONES DE USO:

PARA CONSUMO HUMANO DEBE TRANSCURRIR 15 DÍAS ENTRE LA ÚLTIMA ADMINISTRACIÓN Y EL SACRIFICIO.

PLEUROVAC CERDOS - 50 DOSIS

VACUNA PARA LA PREVENCIÓN DE PLEURONEUMONÍA, NEUMONÍAS BACTERIANAS E INFECCIONES POR STREPTOCOCCUS SUIS EN LOS CERDOS

ESPECIES: PORCINOS

FRASCO AMPOLLA DE 250 ML

DOSIS Y ESQUEMA DE VACUNACIÓN

APLICAR POR VÍA INTRAMUSCULAR, EN LA PARTE DORSAL DEL CUELLO, DETRÁS DE LA OREJA, O VÍA SUBCUTÁNEA, EN LA CARA INTERNA DEL MUSLO (LECHONES).

LECHONES:

2 ML DESPUÉS DE LOS 30 DÍAS DE VIDA.
REVACUNAR 15 DÍAS DESPUÉS.

CACHORROS:
5 ML AL INICIAR EL ENGORDE.
REVACUNAR 15 DÍAS DESPUÉS.

CERDOS ADULTOS:
5 ML AL INCORPORARSE AL ESTABLECIMIENTO. REVACUNAR 15 DÍAS DESPUÉS.

REPRODUCTORES:
HEMBRAS 5 ML 30 DÍAS Y 15 DÍAS ANTES DE CADA PARTO.
MACHOS 5 ML ANUALMENTE.

ENFERMEDAD QUE PREVIENE:

NEUMONÍA, PLEURONEUMONÍA PORCINA.

ANTIBIÓTICO DIPENISOL

PENICILINA Y DIHIDROESTREPTOMICINA EN SUSPENSIÓN ACUOSA LISTA PARA SU USO.

ACCIÓN:

BACTERICIDA DE AMPLIO ESPECTRO.
INDICADO PARA EL TRATAMIENTO DE ENFERMEDADES INFECCIOSAS CAUSADAS POR GÉRMENES SUSCEPTIBLES A LA ACCIÓN DE LA PENICILINA Y DIHIDROESTREPTOMICINA.

COMPOSICIÓN:

PENICILINA PROCAÍNICA 200,000 U.I/ML, SULFATO DE DIHIDROESTREPTOMICINA 250 MG , VEHÍCULO C.B.P. 1 ML

INDICACIÓN:
EFECTIVO CONTRA EL TRATAMIENTO DE ENFERMEDADES INFECCIOSAS CAUSADAS POR GÉRMENES SUSCEPTIBLES COMO:

INFECCIONES DEL TRACTO RESPIRATORIO INCLUYENDO NEUMONÍA Y RINITIS ATRÓFICA, LISTEROSIS, MENINGITIS, SEPTICEMIA, MASTITIS, INFECCIONES DEL TRACTO UROGENITAL, ENTERITIS ASOCIADA CON SALMONELLA SPP. Y EN EL CONTROL DE BACTERIAS SECUNDARIAS QUE DAN ORIGEN A ENFERMEDADES VIRALES.

LA COMBINACIÓN DE PENICILINA Y DIHIDROESTREPTOMICINA ES ESPECIALMENTE ÚTIL EN EL TRATAMIENTO DE INFECCIONES QUE INCLUYEN BACTERIAS GRAM-POSITIVAS Y GRAM-NEGATIVAS.

DOSIFICACIÓN*:*

LA DOSIS DIARIA RECOMENDADA EN PORCINOS ES 5 ML CADA 50 KG DE PESO.

PRESENTACIÓN: FRASCO CONTENIENDO 50 Y 100 ML.

Antibiotico Dipenisol

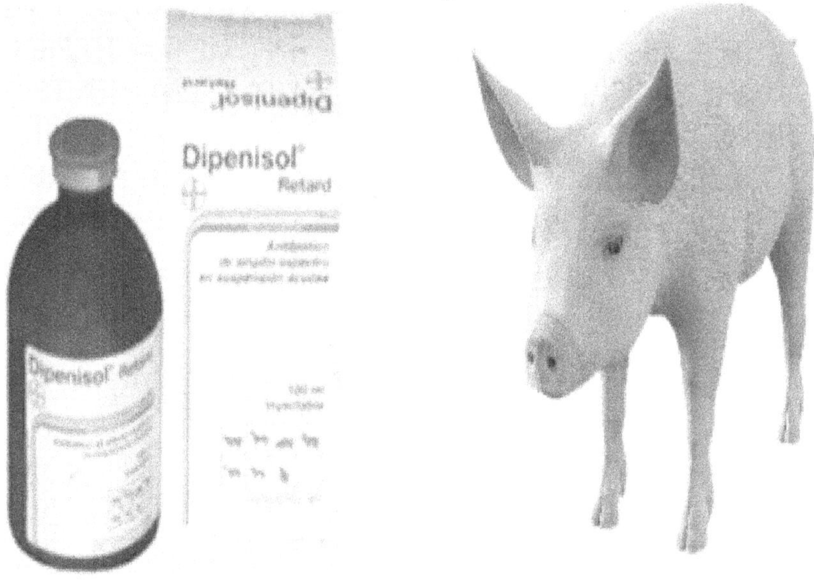

TRATAMIENTOS UTILIZADOS.

ANTE UN BROTE AGUDO DE EG, SE IMPONE LA RÁPIDA INSTAURACIÓN DE UNA TERAPIA ANTIBIÓTICAQUE INCLUYE PENICILINA, AMOXICILINA, AMPICILINA, CEFTIOFUR, CEFQUINOMA, OXITETRACICLINA,DOXICICLINA, PERO LA PENICILINA SERÁ EL ANTIBIÓTICO DE PRIMERA ELECCIÓN, SE RECOMIENDA EL EMPLEO DE LA VÍA PARENTERAL EN ANIMALES ENFERMOS Y EN AQUELLOS QUE HAYAN TENIDO CONTACTO DIRECTO CON ELLOS Y VÍA ORAL PARA EL RESTO, PERO EN OCASIONES PUEDE USARSE EL EMPLEO DE ANTIPIRÉTICOS.

TAMBIÉN EXISTE LA EFICACIA DE PULSOS DE 3 DÍAS POR SEMANA DE AMOXICILINA EN EL AGUA DE BEBIDA.

EN CUANTO A LA VACUNACIÓN, EXISTEN NUMEROSOS TRABAJOS QUE INDICAN QUE EL EMPLEO DE BACTERINAS INACTIVADAS ES EFICAZ EN EL CONTROL DE LA EG.

SE DESCONOCE CUÁL ES EL FACTOR O FACTORES QUE DETERMINAN QUE UNA CEPA, UNA VEZ INCORPORADA A UNA VACUNA, SEA EFICAZ O NO FRENTE AL DESAFÍO HETERÓLOGO, AUNQUE SE HAS UGERIDO QUE UNO DE ELLOS PODRÍA SER LA VIRULENCIA.

A LA HORA DE PLANTEARSE UN POSIBLE PROGRAMA VACUNAL FRENTE A LA EG, SE DEBE TENER EN CUENTA QUE LA INMUNIDAD MATERNAL ES EFECTIVA Y QUE ÉSTA DURA DE ENTRE 4 Y 5 SEMANAS, POR LO QUE EN LECHONES DE EDADES INFERIORES A LAS 6 SEMANAS SE RECOMIENDA LA VACUNACIÓN DE SUS MADRES, TAMBIÉN SE SUGIERE QUE LOS MEJORES RESULTADOS SE OBTIENEN CUANDO LA VACUNACIÓN SE EMPLEA TANTO ENMADRES COMO EN LECHONES Y SE DEBEN ADMINISTRAR DOS DOSIS SEPARADAS POR UN INTERVALO DE2 A 4 SEMANAS.

SIN EMBARGO, CUALQUIER PROGRAMA DE CONTROL DE LA EG ESTÁ INCOMPLETO, PUES NO CUENTA CON LA ADOPCIÓN DE MEDIDAS COMPLEMENTARIAS COMO LA PREVENCIÓN DE LAS SITUACIONES DE ESTRÉS Y LA ADOPCIÓN DE UN SISTEMA DE MANEJO TODO DENTRO/TODO FUERA.

- FÁRMACO ELEGIDO AMOXICILINA PROPIEDADES FÍSICO QUÍMICAS DEL FÁRMACO.

ES UNA PENICILINA SEMISINTÉTICA DE ACCIÓN BACTERICIDA CON UN ESPECTRO ANTIBACTERIANOSIMILAR A LA AMPICILINA, ES MÁS ACTIVA QUE LA AMPICILINA CONTRA ALGUNOS ESTREPTOCOCOS, PROTEUS MIRABILIS, SERRATIA MARCESCENS Y SALMONELLA SP. ES INACTIVADA POR LA PENICILINASA Y POR LO QUE CARECE DE VALOR EN INFECCIONES CAUSADAS POR ESTAFILOCOCOS Y OTROS MICROORGANISMOS PRODUCTORES DE ESTA ENZIMA.

SU ACCIÓN DEPENDE DE SU CAPACIDAD PARA ALCANZAR Y UNIRSE A LAS PROTEÍNAS QUE LIGAN PENICILINAS (PBP-1 Y PBP-3) LOCALIZADO EN LAS MEMBRANAS CITOPLASMÁTICAS BACTERIANAS; OTRAS PENICILINAS INHIBEN LA SÍNTESIS DEL SEPTO Y PARED CELULAR BACTERIANAS, PROBABLEMENTE POR ACETILACIÓN DE LAS ENZIMAS TRANSPEPTIDASAS UNIDAS A LA MEMBRANA.

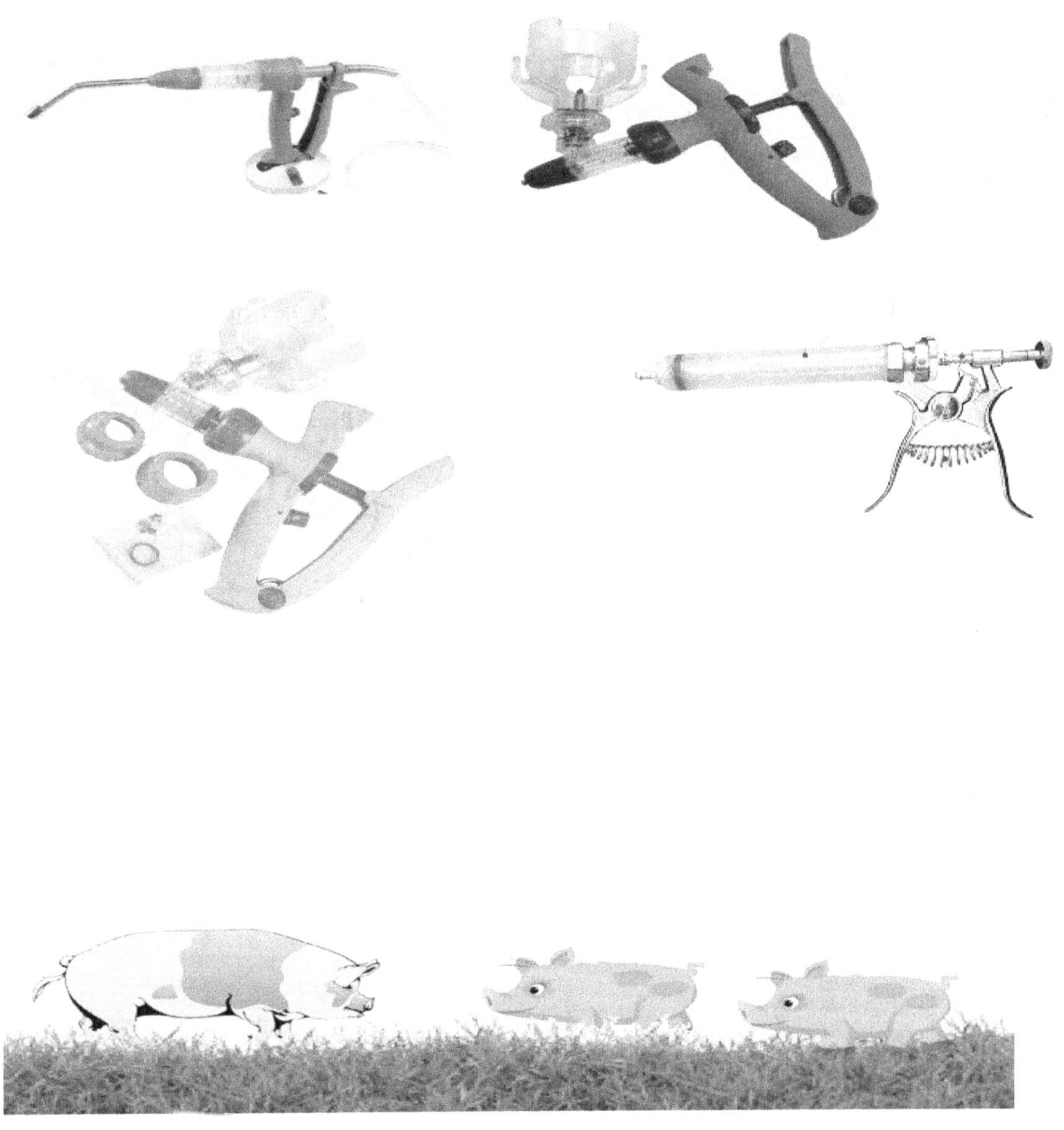

Diferentes modelos de Jeringas para uso Veterinario.

<u>**CASTRACIÓN DE CERDOS PARA EVITAR OLOR:**</u>

LOS CERDOS MACHOS SE CASTRAN PARA REDUCIR SU COMPORTAMIENTO AGRESIVO, FACILITAR SU MANEJO Y PREVENCIÓN DEL OLOR A VERRACO.

EL SABOR Y EL OLOR DESAGRADABLE, DISTINTIVO QUE PUEDE SER PERCIBIDO DURANTE LA PREPARACIÓN O LA INGESTIÓN DE CARNE PROVENIENTE DE CERDOS.

LOS CERDOS CASTRADOS SON MÁS GORDOS Y LA CARNE NO TIENE OLOR FUERTE.

SI SE CORTA DIRECTAMENTE A TRAVÉS DEL TESTÍCULO HASTA EL VASO SANGUÍNEO, PUEDE OCURRIR UN SANGRADO ABUNDANTE, ESTE SANGRADO SE REDUCE POR APRIETE Y RASPADO CON UN BISTURÍ DEL VASO SANGUÍNEO, HASTA QUE ES CORTADO.

VIRUS SENECA VALLEY

SENECAVIRUS A (SVA), SVA ES UN VIRUS RNA QUE PERTENECE A LA FAMILIA PICORNAVIRIDAE (JUNTO AL FAV Y AL EVPV).

ANTERIORMENTE SE CONOCÍA COMO VIRUS SENECA VALLEY.

SVA ES CONOCIDO EN LA LITERATURA HUMANA POR SUS PROPIEDADES ONCOLÍTICAS.

LOS SIGNOS CLÍNICOS CARACTERÍSTICOS DE LAS ENFERMEDADES VESICULARES INCLUYEN PRESENCIA DE DEGENERACIÓN GLOBULAR DE LAS CÉLULAS EPITELIALES Y LA FORMACIÓN DE MICROVESÍCULAS (PÚSTULAS) EN LA REGIÓN CERCANA AL HOCICO Y EN LAS PATAS (BANDAS CORONARIAS, ESPOLONES Y PLANTA), ASÍ COMO COJERA, LETARGO Y DISMINUCIÓN DEL CONSUMO DE ALIMENTO.

EN EL CASO DELSENECAVIRUS SVA LAS VESÍCULAS DURAN APROXIMADAMENTE DOS SEMANAS Y LOS OTROS SIGNOS SUELEN DURAR APROXIMADAMENTE UNA SEMANA.

LE ENFERMEDAD AFECTA A TODAS LAS ETAPAS DE PRODUCCIÓN; EN MATERNIDAD LA MORBILIDAD LLEGA A SER HASTA DE 70% CON AUMENTO DE MORTALIDAD DEL 15 AL 30% ASOCIADA A DESHIDRATACIÓN POR DISMINUCIÓN EN LA PRODUCCIÓN DE LECHE DE LA CERDA Y MORTALIDADES DE 5 A 30% EN CERDOS DE ENGORDA Y REPRODUCTORES.